L'ÉDUCATION DES FILLES

PAR LES

RELIGIEUSES ENSEIGNANTES

INSTRUCTIONS, AVIS, CONSEILS

D'APRÈS Mme DE MAINTENON

PAR

Le R. P. LIBERCIER

DE L'ORDRE DE SAINT-DOMINIQUE

PARIS

ANCIENNE MAISON CHARLES DOUNIOL

P. TÉQUI, LIBRAIRE-ÉDITEUR

29, rue de Tournon, 29

1902

L'ÉDUCATION DES FILLES

PAR LES

RELIGIEUSES ENSEIGNANTES

OUVRAGES

PUBLIÉS PAR LE R. P. LIBERCIER

Dévotions et bonnes œuvres, in-16 elz. (Palmé.)

Prières de la semaine, in-32, 2e éd. (Lyon, E. Vitte.)

Pensées sur la mort, in-16. (Delh. et Briguet.)

Pensées morales et chrétiennes, in-16 elz. (Gruel.)

Méditations, extr. de Fénelon, in-16 elz. (Gruel.)

Le Livre de 1re communion, in-16 elz. (Gruel.)

Paraphrase, de Massillon, 2 vol. in-18. (Saint-Augustin.)

Mois de Marie, in-18. (Retaux.)

Chemin de Croix, réflexions, in-16 elz. (Gruel.)

Marie, mère de Jésus, illustré, 32 planches. (Gruel.)

Entretiens et avis (P. Lécuyer), in-12 elz. (Lethielleux.)

Les Religieuses enseignantes (Mme de Maintenon), in-24 allongé. (P. Téqui.)

En entrant dans le monde, in-24 all. (P. Téqui.)

A l'école de Jésus (F. de Lamennais), in-24 allongé. (P. Téqui.)

L'Eucharistie (Bossuet), in-24 allongé. (P. Téqui.)

L'ÉDUCATION DES FILLES

PAR LES

RELIGIEUSES ENSEIGNANTES

INSTRUCTIONS, AVIS, CONSEILS

D'APRÈS Mme DE MAINTENON

PAR

Le R. P. LIBERCIER

DE L'ORDRE DE SAINT-DOMINIQUE

PARIS

ANCIENNE MAISON CHARLES DOUNIOL

P. TÉQUI, LIBRAIRE-ÉDITEUR

29, rue de Tournon, 29

1902

PRÉFACE

Nous avons dit ailleurs (1) comment Mme de Maintenon, pour procurer aux enfants et aux jeunes filles de Saint-Cyr l'éducation élevée qu'elle avait rêvée, s'était appliquée tout d'abord à former des maîtresses.

Rien ne devait leur rester étranger, ni la science pratique de la vie religieuse la plus parfaite et la plus solide, ni les diverses méthodes de la pédagogie, ni les connaissances variées qu'exige la formation morale et intellectuelle de la jeunesse.

A cette noble tâche elle consacra les rares qualités que la nature et Dieu lui avaient départies, son génie, son cœur, sa foi ardente.

_____

(1) *L'Education des Filles*, 1 vol. in-12; *Les Religieuses enseignantes*, 1 vol. in-24; *En entrant dans le monde*, 1 vol. in-24; *Lettres à des Religieuses*, 1 vol. in-24, préface et introduction.

Ses « Entretiens », conservés et reproduits avec une fidélité scrupuleuse, s'adressent tantôt aux maîtresses, tantôt aux élèves.

Nous avons publié un volume plus spécialement destiné aux jeunes filles. Celui que nous extrayons des œuvres complètes de l'éminente femme s'adresse directement aux Religieuses enseignantes, aux institutrices chrétiennes, aux mères de famille et à tous ceux qui, de près ou de loin, s'intéressent à ces graves questions d'éducation d'où dépend l'avenir d'un pays.

On y trouvera les mêmes qualités de forme et de fonds signalées ailleurs, des conseils d'une sagesse très élevée, les principes et les règles immuables qui de tout temps doivent présider à la formation intellectuelle et morale de la jeunesse, un jugement, une raison, un bon sens que rien n'influence et n'altère, et, par-dessus tout, une piété douce, aimable, simple et solide, la vraie, celle des saints, qu'il faut inculquer aux enfants et répandre partout.

La méthode qui nous a servi pour les ouvrages précédents a dirigé le choix et l'arrangement de ces instructions. Ce n'est pas un travail d'érudition, mais d'utilité pratique.

L'heure ne semble guère opportune pour une

semblable publication. Demain peut-être, les congrégations enseignantes, particulièrement visées et atteintes par l'inique loi que vient de voter un parlement sectaire, se verront dans la cruelle alternative ou d'abandonner leurs œuvres de charité et d'éducation, ou de prendre le chemin de l'exil pour continuer sur une terre plus hospitalière leur mission de dévouement et de sacrifice.

On ne veut plus d'elles en France ; elles y font trop de bien ; en consacrant à la jeunesse de tout rang et de toute condition leurs forces, leur temps et leur vie, elles accomplissent avec trop de succès et d'éclat un devoir patriotique qui, partout et toujours, a été considéré comme la fonction la plus auguste, la plus sainte et la plus honorée. Ces œuvres florissantes, créées et entretenues au prix des plus grands efforts, grâce à la puissance d'abnégation dont les âmes chrétiennes sont seules capables, vont donc disparaître ou tout au moins être entravées et mises en péril extrême, jusqu'à ce que Dieu, ayant pitié de notre détresse, rende à la France la paix intérieure, confonde ses ennemis et montre au peuple où se trouve la prospérité, la véritable grandeur et le bonheur. Il paraît donc superflu de s'occuper à perfectionner quelque chose dont l'existence est menacée; quand une maison brûle, on travaille à éteindre l'incendie, et non à l'embellir et à l'orner.

Nous sommes d'un avis contraire. Ayant une foi irréductible en la protection permanente de Dieu, et comptant sur le tempérament de notre pays affamé de justice et de liberté, nous croyons que l'ère de persécution qui s'ouvre aujourd'hui sera courte. Le bon sens français se réveillera; l'amour instinctif de la vérité qui en fait le fond prendra le dessus, et les proscrits ne tarderont pas à reprendre dans leur patrie désabusée une place dont la violence seule des partis révolutionnaires et impies les a chassés.

C'est en vue de cet avenir prochain et dans cette espérance qu'il faut se tenir prêt soit à continuer les œuvres qui, pendant cette dernière moitié du siècle, avaient pris un merveilleux développement, soit à réparer les ruines accumulées par la persécution, si Dieu lui en donne le temps et les moyens.

Fr. MARIE-ALBERT LIBERCIER,
de l'Ordre de St-Dominique.

Moscou. Saint-Louis-des-Français.
25 août 1901.

PREMIÈRE PARTIE

VIE RELIGIEUSE
ET ENSEIGNANTE

I

TRAITÉ DE VIE RELIGIEUSE (1).

1. *Avant-propos.* — Ayez toujours en vue, mes très chères filles et ceux qui vous gouverneront

(1) Ce traité de vie religieuse, œuvre de l'évêque de Chartres, de Fénelon et surtout de Mme de Maintenon, s'il a été composé pour l'Institut de Saint-Louis, contient néanmoins des avis d'un caractère si général, si sage, si élevé, si conformes à la saine doctrine, qu'il pourra être médité avec fruit par toutes les personnes consacrées à Dieu et à l'éducation de la jeunesse.

Voici en quels termes Mme de Maintenon priait l'évêque de Chartres, Mgr Godet des Marais, de rédiger ce traité. C'était le plan de l'ouvrage qui, d'ailleurs, fut exactement suivi, auquel Mme de Maintenon fit elle-même de nombreuses corrections et additions. Le volume parut en petit in-32 en 1699 à l'imprimerie royale.

« Puisqu'on est déterminé à faire un ordre singulier de

dans la suite, le dessein particulier de la Providence
sur vous. L'on a prétendu faire revivre en vous ces

Saint-Cyr, je voudrais bien que vous fissiez un petit ouvrage
qui serait intitulé : *l'Esprit de l'Institut des Filles de
Saint-Louis.*

« Que vous élevassiez le bonheur d'être appelées à instruire
et à élever tant de demoiselles qui passeront par cette
maison; que vous traitassiez succinctement combien l'éducation doit être étendue, par les différents états où elles seront
appelées, mais combien cette éducation doit être renfermée
dans l'institut et les pratiques de la religion; que vous par-
lassiez sur la perfection des vœux; que vous fissiez comprendre aux Dames le bonheur d'être dans une communauté
où elles n'ont rien apporté, où tout est égal, et avec quelle
union elles doivent vivre, n'ayant aucune des occasions qui
désunissent quelquefois les autres; qu'en leur inspirant une
grande estime pour tous les autres ordres religieux, vous leur
fassiez sentir tout l'avantage du leur qui les sépare et les
rend tout à fait indépendantes des intérêts du monde, ne
pouvant ni lui donner, ni recevoir de lui; quelle reconnaissance cet état indépendant leur doit donner pour Dieu et
pour leur fondateur; mais en même temps combien elles
doivent éviter la hauteur que cette indépendance inspire.
Qu'elles doivent, au contraire, regarder avec humilité que
c'est leur pauvreté et la charité du Roi qui les a rassemblées;
qu'elles doivent aimer cet état humiliant et le considérer
souvent comme un préservatif contre la grandeur de leur
institut; l'application qu'elles doivent avoir pour épargner
afin d'aider aux demoiselles; qu'elles doivent entrer dans les
sentiments des bons pères et des bonnes mères qui s'épargnent tout pour établir leurs enfants.

« A l'égard de la chasteté, combien elle doit être pure dans
une maison qui sera toujours remplie de jeunesse et d'un
sexe qui doit se tenir caché; combien, par la situation de
leur maison, elles seront exposées si elles ne s'enferment
plus qu'aucunes religieuses; combien, au dedans, leur séparation doit être grande entre les Dames et les demoiselles;
combien les punitions sévères pour les moindres fautes
qui ont rapport à cette vertu; dans quel éloignement il
faut être pour les hommes quelque proches qu'ils soient;
dans quel respect pour les ministres de Jésus-Christ.

« Le mérite de l'obéissance dans toutes les communautés, et
combien il faut la pousser loin dans la leur, par le danger du
désordre, si jamais les Dames montraient aux demoiselles
quelques exemples de désobéissance; qu'il faut être exacte

excellentes filles qu'on a comptées autrefois parmi le clergé, que l'on nourrissait des biens de l'Église

à l'obéissance jusqu'au scrupule; que ce n'est pas là qu'il faut appliquer cette liberté de l'esprit de Dieu, et combien il est aisé de l'avoir avec l'exactitude, etc.

« Combien, pour la pratique de leurs vœux, la clôture doit être sévère; que plus les Dames en charges pour le gouvernement seront obligées d'avoir des commerces au dehors, plus les autres doivent se renfermer au dedans.

« Qu'elles doivent aspirer à répandre partout l'odeur d'une vraie piété, ayant à se soutenir par elles-mêmes, ne pouvant tirer de secours d'aucune autre maison; combien elles ont besoin d'être intérieures pour s'acquitter de leurs devoirs, et d'avoir un extérieur édifiant, étant toujours observées par une troupe de jeunesse aisée à scandaliser, etc.

« Avec quelle fidélité elles sont obligées de suivre les intentions de leur fondateur en ne se départant jamais, sous quelque prétexte que ce soit, du soin des pauvres demoiselles, en ne recevant jamais de bienfaits, en ne prenant point de pension, quelque bien qu'on leur offrît, n'étant chargées que de celui pour lequel la fondation est faite, et ne pouvant espérer de récompense pour les bonnes œuvres que Dieu ne leur demande pas. Qu'elles ne parent leur église que pour la décence et la propreté; qu'elles ne se donnent point de commodités particulières, et que tous leurs soins et leurs épargnes soient uniquement pour les demoiselles; qu'elles conservent l'éloignement qu'elles ont pour les parloirs.

« Qu'elles ne laissent introduire nulle nouveauté dans leurs habits, nulles diversités dans la direction; avec quelle fermeté les anciennes doivent faire subsister cet esprit de l'institut; combien elles doivent l'aimer et l'estimer, et inspirer ces sentiments aux jeunes. Il faut bien marquer cet endroit qui leur défend de donner et de recevoir ni pour elles ni pour les demoiselles, et les exhorter à l'observer exactement sans se servir des exemples de dispense qu'on pourrait avoir donnés dans les premiers temps; que, bien loin de prier leur évêque d'accorder des entrées chez elles, elles doivent lui demander instamment de n'en accorder que le moins qu'il lui sera possible; quelle conduite elles doivent garder, si des princes et des princesses, se servant du droit qu'ils ont dans les fondations royales, entraient chez elles, qu'il n'y ait que les supérieurs qui leur parlent, et que les autres s'éloignent le plus qu'elles pourront. »

et que l'on regardait comme le modèle, le conseil et le soutien de leur sexe. Il a plu à Dieu que vous fussiez ici, à l'imitation du clergé, le sel et la lumière des enfants. Votre vertu doit être incorruptible et éclatante pour préserver de la corruption et pour éclairer celles qui vous sont confiées : si le sel perd sa force, avec quoi salera-t-on? il n'est plus bon à rien qu'à être jeté dehors et foulé aux pieds. On n'allume point la lampe pour la mettre sous le boisseau, mais sur le chandelier, afin qu'elle éclaire tous ceux qui sont dans la maison.

Il n'y a point de communauté religieuse semblable à la vôtre; si vous perdez l'esprit de votre institut, qui est-ce qui le rétablira? C'est pour cette raison que votre pieuse institutrice, et les saints et savants personnages qui ont travaillé avec nous à votre établissement, ont cru devoir faire tant de prières, tant de délibérations, tant d'essais, afin de connaître la volonté de Dieu et ce qui était le plus sûr et le plus propre à vous conduire à la fin pour laquelle vous êtes établies. Nous avons tâché de ramasser ici avec soin ce qui vous distingue des autres congrégations et ce qui fait le caractère principal qui doit vous animer en tout et vous conserver.

Voici donc, mes très chères filles, la voie par laquelle Dieu veut que vous marchiez.

Je vous dirai ce que Moïse disait aux Juifs : « Observez, exécutez ce que le Seigneur vous prescrit; ne vous détournez ni à droite ni à gauche, mais vous marcherez par la voie que le Seigneur vous a marquée, afin que vous viviez heureuses dans la terre qu'il vous destine. » Montrez-le à celles qui viendront après vous ; ne souffrez jamais aucun changement dans votre institut, quelque bien plus spécieux qu'on vous présente ou quelque dispense qu'on vous offre. Vous êtes indispensablement obligées de remplir l'intention de votre fondateur et de l'Église. Imitez ces hommes apostoliques qui ont livré leurs âmes pour la gloire du nom de Jésus-Christ et qui ne respiraient que le salut des autres.

Nous conjurons instamment nos successeurs, par le sang que Jésus-Christ a versé, de ne permettre jamais que vous vous écartiez d'une ligne de tout ce qui vous est marqué ici comme essentiel à votre institut : votre établissement étant singulier dans l'Église et vos constitutions et règlements renfermant plusieurs pratiques du christianisme communes aux autres religions, il nous a paru important de démêler ce qui vous était propre et particulier, afin que vous en fissiez une étude plus continuelle et que vous ne puissiez jamais enfreindre l'engagement particulier que vous avez contracté ici avec Dieu.

Soyez donc à tout jamais inébranlables dans l'esprit de votre institut, fondées et enracinées dans les pratiques qui lui sont propres, comme un édifice sur le fondement et l'arbre dans la racine.

Souvenez-vous de la fidélité des Réchabites à ne vouloir s'écarter d'aucune règle de leurs pères, que Dieu récompensa par la stabilité de cette pieuse race dans son service. « Parce que vous avez obéi à votre père, que vous avez gardé toutes les choses qui vous ont été prescrites, dit Dieu par Jérémie, il y aura toujours quelqu'un de sa race en ma présence. »

II. *Grandeur de l'institut.* — Vous ne devez jamais oublier, mes chères filles, le rang sublime que vous tenez dans l'Église; vous avez embrassé l'occupation intérieure de Marie et le travail de Marthe. Si le travail de Marthe était utile, si le parti de Marie était meilleur, le vôtre est excellent, qui renferme l'un et l'autre; il n'y a aucun institut de filles si propre que le vôtre aux grands desseins de Dieu, qui est la sanctification des âmes, ni qui doive être si conforme à la vie des apôtres, et à la vie même de Jésus-Christ, qui est le modèle de la perfection. Vous succédez à ces anciennes veuves et diaconesses auxquelles l'apôtre demandait une sainteté si affermie et une si abondante charité. Les veuves ecclésiastiques étaient, selon le langage des Pères, le soutien et le conseil de leur sexe; et, selon les anciennes règles des conciles, elles devaient être inviolablement attachées à l'œuvre de Dieu, aidant continuellement à l'Église par leurs prières et par leur travail : voilà votre état.

Votre esprit est un saint mélange de prières et d'actions continuelles. Si la prière et le recueillement manquent, toute la régularité extérieure, même la plus édifiante, ne servira de rien; c'est un corps sans âme. Si le recueillement est sans le travail journalier auquel votre état engage indispensablement, c'est une illusion dangereuse; il faut une extrême fidélité aux exercices marqués par le recueillement et la prière. Imitez le prophète, qui priait souvent de tout son cœur, se livrant sans partage, en certains moments, à la prière : *Sept fois le jour je vous ai offert des louanges.* Il commençait sa journée par là : *Mes yeux vous ont prévenu avant le jour, afin de méditer sur votre loi.* Ses prières étaient si pleines d'ardeur et de force, dans les moments où il s'y donnait de tout son cœur, qu'elles animaient ensuite toutes ses actions.

Pendant ces précieux moments de la journée, fermez les portes de votre âme; retirez-vous avec Dieu, unissez-vous à lui de tout votre cœur, tâchez d'acquérir une grande facilité d'y recourir, et n'oubliez rien alors pour faire ce fond de ferveur, de pureté d'intention et d'amour de Dieu qui doit vous mettre en état de travailler ensuite partout en esprit de prière.

Le soin continuel des enfants dont vous êtes chargées ne pouvait pas compatir avec des offices plus longs; ne perdez donc rien des temps destinés à votre recueillement; méditez de tout votre cœur; sortez de la sainte messe tout enflammées de la présence de Dieu; rentrez en vous-mêmes aux temps de vos examens, de vos lectures et conférences; renouvelez vos forces, comme l'aigle, lorsque vous approchez des sacrements; au milieu de vos occupations extérieures, élevez souvent votre cœur à Dieu par de courtes et ferventes prières; par exemple, par quelque demande du *Pater*, ou quelque verset des psaumes : *O mon Dieu! venez à mon aide, hâtez-vous de me secourir; que votre nom soit sanctifié; ô mon Dieu! que votre volonté soit faite; que votre règne arrive; régnez, Seigneur, dans mon cœur, par votre grâce; que je règne avec vous dans la gloire.* Si on est tenté : *Ne nous laissez pas succomber à la tentation, mais délivrez-nous de tout mal.* C'est ainsi que votre travail sera une continuelle prière; c'est ainsi que vous accomplirez ces paroles de l'Ecclésiastique : *Que rien ne vous empêche de prier toujours;* et celles de Notre-Seigneur : *Il faut toujours prier, et il ne se faut point lasser de le faire;* et celles de saint Paul : *Priez sans cesse.* Vous serez aisément unies à Dieu, en travaillant, en instruisant, et en vos autres exercices, si vous avez bien soin d'employer le temps à l'oraison, à l'office, et à la sainte messe, et au contraire vous serez prodigieusement dissipées, si vous avez été volontairement distraites dans les moments de la prière.

C'est donc ce mélange de prières et d'actions qui doit être l'esprit de votre institut, mes chères filles; si vous n'êtes intérieures, tous les règlements qu'on vous a donnés ne vous préserveront point de la contagion du monde, qui est à votre porte; sans raison, ce grand ouvrage tombera bientôt en ruine, et dans une ruine déplorable, parce que votre maison fera des maux affreux si elle ne fait pas de grands biens; mais si vous entrez dans ce véritable esprit de recueillement, vous ferez des biens infinis au prochain et à vous-mêmes; vos fonctions d'obéissance et de charité ne vous détourneront point de Dieu même, ni de cette continuelle prière que l'Écriture recommande; ce qui est vocation et ordre de Dieu ne détourne point de Dieu, et toute autre voie d'oraison sentirait l'entêtement, le sens propre, la volonté propre et l'illusion. En chantant, en travaillant, en veillant sur la jeunesse qui vous est confiée, vous pourrez, comme je vous l'ai dit, demeurer devant la présence de Dieu, et unies à lui. N'ayez ni fantaisie, ni curiosité pour chercher des lectures extraordinaires et des ragoûts d'oraison. Dieu ne se trouve point dans l'amour-propre, dans le propre jugement, ou dans la singularité, mais dans la simplicité, dans la régularité, dans l'obéissance aveugle.

III. *Éducation des jeunes filles.* — Si vous mettez toute votre confiance en Dieu, mes très chères filles, sans vous appuyer sur vous-mêmes, ni sur aucun talent naturel, et sur aucune perfection mondaine, vous deviendrez, par votre humilité et par votre abandon dans la main de Dieu, les vrais instruments de la grâce pour sanctifier les familles séculières et les couvents; vous formerez d'excellentes vierges pour les cloîtres, et de pieuses mères de famille pour le monde.

En sanctifiant ainsi les deux principaux états de votre sexe, vous contribuerez à établir le vrai règne de Dieu dans les deux sexes pour tous les états et pour toutes les conditions; car on sait combien une mère de famille a de part à la bonne éducation de ses enfants, même des garçons; combien une femme prudente et vertueuse peut insinuer la religion dans le cœur de son mari; combien une bonne maîtresse de pensionnaires dans un couvent peut faire de bien sur les jeunes filles qu'elle gouverne...

Pour réussir dans ce pieux dessein, attachez-vous à inspirer aux enfants la crainte et l'amour de Dieu, moins par de beaux discours que par le silence, le recueillement, la modestie, et la pratique des vertus pénibles. Il faut qu'elles travaillent, qu'elles obéissent, qu'elles soient sobres, qu'elles ignorent le monde, qu'elles soient savantes de la science de Dieu, qui s'apprend moins dans les livres que dans la pratique solide de la pauvreté d'esprit et de la mort à soi-même. Fuyez comme la mort, et pour vous et pour elles, tout ce qui n'est que pour orner, élever et contenter l'esprit; craignez la science qui enfle l'esprit, ne cherchez que la charité qui édifie. Il y a une grande différence entre connaître Dieu par la science, par la pointe de l'esprit, par la subtilité de la raison, par la multiplicité des lectures, ou le connaître par les simples instructions du christianisme et par les leçons intérieures du véritable amour qui enseigne tout en rapetissant, en détruisant, en sacrifiant et en formant en nous toutes les autres vertus. C'est l'onction de l'Esprit qui enseigne toute vérité, selon les termes de l'Écriture. Ne craignez point que des filles instruites avec cette simplicité soient incapables de vivre dans le monde; et quand, en effet, Dieu les y appellerait, il ne faut pas moins leur inspirer la haine du monde, puisque Jésus-Christ l'a maudit à cause de ses scandales; la charité vaut mieux que toute la politesse du siècle. Quand une fille aura bon sens avec une grande piété, elle sera bonne pour tout, elle sera fidèle à ses devoirs, et elle mettra en œuvre tout ce qu'elle aura de talents naturels pour se façonner; elle vaudra mieux qu'un bel esprit plein de ses pensées et de ses idées en l'air. Ce bon sens simple, quand il serait grossier et mal poli, plaira plus aux gens même du monde qu'un caractère plus délicat, mais moins vrai et moins désabusé de soi-même. Ne prenez point sur cette jeunesse une autorité dure et âpre; toute hauteur est incompatible avec l'esprit de Dieu; gardez-vous bien de mépriser tous ces petits pour qui le royaume de Dieu est fait, et à qui il faut que vous ressembliez, si vous voulez avoir part à ce royaume. Abaissez-vous, pliez-vous, rapetissez-vous pour vous proportionner à ces enfants; ne regardez ni avec dégoût, ni avec dédain, leurs saletés, leurs maladies, leur éducation basse et grossière : Jésus-Christ, souveraine sagesse, raison de Dieu, a choisi pour compagnie et amis en ce monde des pêcheurs grossiers, ingrats, incrédules, lâches, infidèles; il a passé sa vie avec eux pour les instruire patiemment; il a fini sa vie sans les redresser entièrement.

IV. *De la pauvreté.* — Il ne vous est pas permis, mes chères filles, de vous regarder comme celles pour qui la maison est faite; tout est aux jeunes filles, la fondation est uniquement pour leur éducation, vous n'y êtes que pour elles; regardez-vous comme leurs servantes en Jésus-Christ, de même que saint Paul se regardait comme le serviteur des peuples qu'il était chargé d'évangéliser, et que Notre-Seigneur lui-même déclare qu'il est venu pour servir, et non pas pour être servi. Vous n'avez droit de subsister dans la maison des enfants qu'autant que vous les servirez, que vous les instruirez, que vous les édifierez, que vous les sanctifierez.

En vous regardant ainsi comme étant destinées de Dieu à leur service, vous ne devez jamais vous regarder comme maîtresses et propriétaires des grands biens attachés à leur maison. Vous faites vœu de pauvreté, et cette pauvreté ne doit pas être moins réelle dans votre maison que chez les capucines. Le bien n'est pas donné pour vous enrichir, ni pour vous faire violer votre vœu de pauvreté, ce serait une scandaleuse fondation; il n'est donné que pour l'établissement et l'éducation des jeunes filles. Pour vous, mes chères filles, vous devez être pauvres au milieu de tant de richesses.

Épargnez religieusement tout ce que vous pourrez empêcher de coûter à la maison; il n'est point juste de quitter le siècle qui estime les richesses, et où vous auriez peut-être été pauvres, pour trouver dans un cloître, sous prétexte du vœu de pauvreté, les richesses et les commodités que vous n'auriez pas eues dans le monde. Vous devez considérer que vous êtes reçues gratuitement pour l'œuvre de Dieu, et que vous devez vivre le plus frugalement qu'il vous est possible sur les revenus de la maison...

Si vous viviez d'aumônes journalières comme les Capucines, cette aumône vous avertirait de la nécessité d'épargner, de retrancher et de vous réduire au pur nécessaire; vous auriez honte de vivre largement sur les charités qu'on vous ferait pour vous soulager dans vos extrêmes besoins; cependant, vous vous trompez si vous croyez que la pauvreté des Capucines doit être plus exacte que la vôtre. Quelle différence y a-t-il dans le fond, entre vivre d'aumônes journalières et vivre d'aumônes qui se payent une fois l'année? Votre fondation est grande, royale et magnifique; vous avez des biens immenses destinés à un très saint usage; mais pour vous, tout demande une rigoureuse pauvreté : vous l'avez vouée, et vous savez combien votre très bonne mère et pieuse institutrice vous l'a recommandée. Quelle condamnation pour vous, si votre imperfection sur la pauvreté dimi-

nuait un jour le nombre des enfants, ou que par là
vous manquassiez à faire des charités auxquelles
vous êtes obligées dans les lieux qui dépendent de
vous!

V. *De la simplicité.* — Il vous est défendu par
votre établissement d'augmenter jamais vos bâtiments, et vous devez vous contenter de les entretenir. Ne souffrez jamais le moindre ornement dans
le dedans : que tout ressente la pauvreté et la simplicité. Votre fondateur, quoique magnifique en
tout, n'a voulu de dorure chez vous que dans le
sanctuaire; n'en ayez jamais sous quelque prétexte
que ce soit. N'ayez point de riches ornements; que
votre office soit simple, et pour le dedans de votre
maison ne faites rien pour attirer le peuple par des
fêtes et par des spectacles : ils doivent aller aux
paroisses; vous n'êtes point établies pour chanter
comme des chanoinesses, ni pour faire un office
majestueux qui attire le public : il suffit de celui
dont vous êtes chargées avec recueillement et simplicité; votre capital est d'instruire et de donner
l'exemple d'une vie chrétienne, humble, silencieuse,
frugale et laborieuse.

VI. *Du désintéressement.* — Un des grands avantages que vous devez tirer des grands biens de
votre fondation est de n'avoir jamais besoin de
recevoir des dots, des legs pieux, des présents, ce
qui est le poison le plus dangereux des meilleures
communautés. Vous êtes dans une heureuse impuis-
sance de ruiner votre œuvre par cet endroit; vous
ne serez point exposées à recevoir de mauvais

sujets pour avoir des dots qui payent vos dettes, qui soutiennent les dépenses de vos bâtiments, qui vous donnent de beaux ornements, ou qui vous mettent en état d'étendre vos enclos par quelque acquisition. Quel bonheur d'être à l'abri de tous ces pièges, de n'avoir aucun besoin du siècle, de pouvoir tenir ferme pour ses règles, sans craindre de rebuter des bienfaiteurs ! J'espère, mes chères filles, que vous serez fidèles à l'intention de votre fondateur, qui vous a défendu de prendre jamais le plus petit présent. On donne, on reçoit, on possède, on n'est plus pauvre, on veut ménager les gens à qui on donne, et de qui on peut recevoir. On a des appuis mondains hors de la solitude ; tout cela se tourne en intrigues, en insinuations, en flatteries, en jalousies. L'esprit de propriété, d'indépendance, de cachotteries, de partialités, d'entêtement, de dissipation, égare bientôt l'âme la plus innocente. Je conjure les supérieures de ne se relâcher jamais sur cette règle, et j'espère que mes successeurs emploieront toute leur autorité pour prévenir un si grand mal.

VII. *Du travail.* — Travaillez sans cesse et faites travailler les enfants, mais à des ouvrages utiles à la maison, qui épargnent la dépense des ouvriers, et leurs entrées dans la clôture. N'employez rien de précieux, et que tout se ressente de la pauvreté, de l'humilité et de la simplicité. Accoutumez votre communauté à vivre de peu, cela est facile à des jeunes filles. Épargnez, retranchez, souffrez même quelque chose, et que le motif de vos épargnes soit l'aumône que vous ferez aux pauvres enfants de la maison, et aux pauvres de vos terres : les autres bonnes œuvres ne vous regardent point, et la Providence vous marque vos obligations sur ce point.

Les enfants s'accommoderont mieux du travail que d'être toujours sédentaires; elles en auront plus de santé, moins d'ennui, et vous en tirerez de grands secours.

Votre journée est partagée en ces trois fonctions : 1° vos exercices de piété et l'office du chœur tel qu'il est établi dans la maison, et que vous ne ferez jamais ni plus long ni plus pompeux; 2° le catéchisme et l'éducation des jeunes filles, qui est l'unique fin de votre établissement; 3° le travail des mains pour épargner le fonds des jeunes filles et pour les accoutumer à une vie laborieuse. Voilà le plan de la vôtre, et vous ne vous en formerez jamais d'autre.

VIII. *Du catéchisme.* — Une des plus essentielles obligations est de travailler à l'instruction des jeunes filles; malheur à vous si vous ne leur enseignez la doctrine évangélique, car la nécessité vous y engage. L'intention de votre fondateur, la charité que vous devez au besoin de tant d'enfants mal instruits, et votre quatrième vœu vous imposent cette nécessité. Vous avez promis l'instruction, comme la pauvreté, l'obéissance et la chasteté : quand vous seriez bonnes et régulières en votre particulier, si vous négligez le salut de ces petits, *votre partage sera avec les impies dans l'enfer;* votre âme répondra de celles de ces enfants, s'ils tombent dans le scandale et s'ils se perdent par ignorance ; Dieu vous demandera leur sang. *Je jure par moi-même, dit le Seigneur, parce que vous n'avez point eu soin de mon troupeau, et que mes brebis ont été dévorées, vous m'en répondrez en vos propres personnes.* Qui ne tremblera pas à ces paroles redoutables, s'écrie un Père, si ce n'est celui qui n'attend pas, ou qui ne croit pas l'éternité ? Tout est grand dans cet emploi, soit que vous envisagiez les sujets sur lesquels vous avez à travailler, soit que vous considériez les vérités dont vous devez les instruire ; ces jeunes plantes seront un jour ce grand arbre de l'Évangile, sur les branches duquel les oiseaux viendront se reposer ; la foi en est la racine ; elles sont le champ que Dieu cultive par vous, et qu'il rendra fertile ; la foi en est la semence ; elles sont le bâtiment que Dieu élève ; la foi en est le fondement. Cultivez donc avec un soin infatigable la foi de ces enfants : qu'elle croisse de jour en jour, et qu'elle arrive jusqu'à cette pleine connaissance selon laquelle Jésus-Christ veut se former en elles.

C'est dans votre maison et par vos soins continuels, qu'on doit voir bâtir le ferme fondement de la foi, dont parle l'apôtre. C'est de chez vous que doivent sortir ces chrétiennes enracinées, fondées et confirmées dans notre croyance, qui continueront à marcher dans le monde selon les instructions qu'elles auront reçues ici, pleines de la connaissance de la volonté de Dieu, avec cette abondante sagesse et intelligence que la pleine foi communique, fructifiantes en toutes sortes de bonnes œuvres, fortes, patientes, pleines de joie dans les peines, persévérantes, rendant à Dieu de continuelles actions de grâces d'avoir daigné les éclairer par vous de la lumière évangélique, de les avoir arrachées de la puissance des ténèbres pour les faire passer dans le royaume de son fils bien-aimé, et de les faire participantes du sort et de l'héritage des saints. Mais quel est cet évangile du royaume que vous leur devez annoncer? ce sont les vérités sublimes et éternelles, cachées dès le commencement, qui n'ont point été révélées aux enfants des hommes dans les autres temps, et que l'Église propose aujourd'hui avec simplicité à tous ses enfants dans le catéchisme. Ces vérités, toutes simples qu'elles paraissent dans nos catéchismes, sont tout le trésor de la science et de la sagesse de Dieu. Par votre sublime fonction de catéchiser, vous voilà associées aux ministres de Jésus-Christ : vous dispensez tous les jours les vérités qu'il a vues, qu'il a entendues de son Père, et qu'il a le premier annoncées aux hommes. Il vous est donné d'enseigner ce que tant de saints prophètes et de saints rois ont désiré d'entendre et de voir, et qu'ils n'ont pas entendu. C'est véritablement dans ces incomparables fonctions que je ne vous appellerai plus les servantes de Jésus-Christ, mais ses épouses véritables et ses confidentes, puisqu'il vous découvre tout ce qu'il a appris de Dieu son père.

O vocation sublime! qui a pu vous mériter une telle distinction dans tout le royaume de Dieu? Dites avec saint Paul : *J'ai reçu, moi qui suis la plus petite de toutes, cette grâce d'annoncer les richesses incomparables de Notre-Seigneur Jésus-Christ.* Je ne l'aurais jamais osé, Seigneur, si vous ne m'aviez choisie; donnez-moi de bien faire ce que vous me commandez de faire.

Je me suis peut-être trop étendu sur cette matière, mes chères filles; mais rien ne me paraît plus important que de vous instruire et de vous persuader sur ce qui est la fin de votre institut.

IX. *De l'éloignement du monde.* — Il y a des visites de parents proches qu'on ne peut éviter, quand elles sont rares; aussi ne prétends-je pas les blâmer; mais vous ne pouvez être trop sobres à cet égard. Je compte pour rien les cloîtres et les grilles; ce n'est pas que je veuille qu'on les néglige, à Dieu ne plaise; au contraire, je les regarde comme des précautions essentielles, surtout dans le relâchement et l'imperfection des chrétiens de nos jours; je vous charge même d'être inexorables là-dessus, mais, encore une fois, je compte pour rien tout cet appareil extérieur de solitude et de séparation du monde, si la séparation n'est réelle, effective, constante, et soutenue en tout, et si ce n'est véritablement le tombeau où les vierges de Jésus-Christ disparaissent et s'ensevelissent toutes vivantes pour n'avoir plus de société avec la terre; l'effectif est de ne point voir les gens du monde; c'est de n'être point vues, c'est d'être ignorées, oubliées, anéanties dans une mort civile; c'est de ne plus entendre. Évitez l'égarement de ces jeunes veuves dont parle saint Paul, qui, après avoir été nourries aux dépens du patrimoine de Jésus-Christ, sont tombées dans la damnation pour avoir violé leur première foi; étant devenues fainéantes, elles se donnent la liberté de courir de maison en maison, et elles ne sont pas seulement fainéantes, ajoute l'apôtre, mais causeuses et curieuses, parlant de choses dont elles ne devraient pas parler. Oh! qu'il est dangereux d'aller au parloir se ragoûter sur des choses dont le mépris et l'oubli font toute votre paix et toute votre sûreté dans la solitude! C'est chercher la tentation, et elle vous cherchera.

X. *Du silence.* — Comme on doit écarter le plus qu'il sera possible les visites du dehors, qui ne seront pas d'une absolue nécessité, il faut aussi une solitude au dedans qui soit proportionnée. Les commerces du dedans sont plus faciles et plus fréquents, plus vifs et par conséquent plus dangereux que ceux du dehors. Le parloir porte avec soi quelque scrupule, mais la confiance et l'épanchement du cœur, l'amusement de la conversation avec une de ses sœurs paraît la consolation du monde la plus innocente et la plus nécessaire ; de là viennent les amitiés particulières au préjudice de la charité générale, les entêtements, les cabales, les rapports, les murmures, et tous les autres maux qui agitent tant de communautés, et qui font tant souffrir les supérieurs. Le silence sert à perfectionner les âmes, puisqu'il recueille et épargne bien des tentations ; il couvre les imperfections, il évite le scandale, et tient toutes les passions comme amorties. Le silence est le plus grand remède à l'infirmité humaine dans une communauté : on peut dire que c'est le supplément de la plus parfaite vertu. Je vous conjure, mes très chères filles, de le garder inviolablement, selon qu'il vous est marqué dans votre règle. Le silence seul ne suffit pas, si l'on ne se tait aussi à l'égard de soi-même; il faut renoncer au bel esprit, il est ridicule dans le monde profane, affreux et diabolique dans les vierges de Jésus-Christ; par là vous deviendrez les vierges folles de l'Évangile, qui ont un peu de lumière prête à s'éteindre faute d'huile pour la conserver.

XI. *De la régularité.* — Votre régularité doit être d'autant plus exacte et sévère, que si jamais vous vous relâchiez, vous n'avez point les mêmes ressources que les autres communautés pour vous relever. Vous êtes exposées aux plus violentes tentations et aux engagements les plus insensibles. La faveur qui vous soutient dans le bien présentement peut dans la suite vous précipiter dans les plus horribles maux. Mille beaux prétextes de piété viendront en foule pour se rendre faciles, et pour ne pas rebuter des gens puissants qui auront de bonnes intentions. Tout est perdu si on se relâche dans les moindres choses, car aussitôt qu'on est dans la pente du relâchement, on ne peut plus se retenir : le passage des bagatelles aux points les plus importants est imperceptible, comme les nuances des couleurs qui passent insensiblement du blanc au noir, sans qu'on puisse marquer l'endroit précis où commence ce grand changement.

Dès que votre maison cessera d'édifier et de se soutenir dans une fervente régularité, elle ne peut éviter de faire des maux infinis et de devenir scandaleuse. Pour éviter ce malheur, il faut des précautions extraordinaires, et se raidir en tout contre le

orrent. Ayez un air simple, religieux et monasti-
que, contraire à toutes les politesses mondaines.
Rendez vos parloirs inaccessibles à toutes visites
superflues. Vous n'avez point de temps à perdre,
étant chargées d'un si grand nombre de pressants
devoirs. Ne craignez point d'être un peu sauvages,
mais ne soyez pas fières. Il faut peu voir et peu
parler; mais quand on voit et quand on parle, il
faut que ce soit avec humilité et modestie, se
comptant pour rien, comptant beaucoup plus les
autres; pleines de déférence et de respect, de soumission, d'égards, de craintes de choquer; vous
devez être petites, et compter les gens médiocres
au-dessus de vous. Si vous avez de la hauteur,
Dieu vous confondra, et permettra votre chute;
vous ne vous conserverez que par l'humilité. Il faut
expier tout ce qu'il y a eu de grandeur humaine dans
votre fondation: et si jamais par malheur, ce qu'à
Dieu ne plaise, il arrivait chez vous quelque scandale, il faudrait remédier promptement à l'orgueil
qui aurait été cause de cette profonde humiliation.

Que les premières professes se regardent comme
les douze apôtres, colonnes de l'Église; c'est à
elles à soutenir le temple de Dieu, qui ne pourrait
tomber sans écraser un nombre infini de personnes
dans sa chute. Qu'elles conservent précieusement
jusqu'aux moindres pratiques de régularité, qui
sont les dehors de la place, et que les conseillères
veillent sans cesse pour ne laisser produire aucun
relâchement déguisé. Je vous conjure, par la
modestie de Jésus-Christ, de ne changer jamais
rien à votre habit, que pour le rendre encore plus
modeste.

Faites votre possible pour établir peu à peu chez vous la conduite spirituelle de votre supérieure : toutes les anciennes communautés de filles en Orient et en Occident n'en avaient point d'autres ; on ne trouvait point que ce fût gêner les consciences. En effet, ce n'est point les gêner, puisque, dans le train ordinaire, des filles raisonnables et vertueuses doivent se contenter de ces secours. Pour les entêtements et les fantaisies, le vrai moyen de les guérir est de ne les point flatter ; et pour les véritables besoins extraordinaires, qui seront toujours très rares, on a, outre la supérieure, le supérieur, l'évêque, les confesseurs extraordinaires envoyés de sa part, et les personnes qu'il pourrait encore commettre si les choses le méritaient. Il faut être aussi sobres sur les lectures que sur les directions. Fuyez la curiosité, ne lisez que ce qui vous sera donné par vos supérieurs. C'est aux pasteurs à distribuer la nourriture spirituelle. Il ne faut jamais supposer les états extraordinaires, qui sont souvent imaginaires, et très rarement véritables, quoiqu'ils puissent l'être. Un grand secret pour éviter l'illusion, c'est de ne point chercher dans les livres des choses très vraies en elles-mêmes, mais très fausses pour ceux qui ont la curiosité de les étudier, et qui croient les sentir, parce qu'ils ont appris le langage de ces états extraordinaires dans leurs vaines lectures. Quand Dieu voudra mettre une âme dans un état de perfection ou d'épreuves, il le saura bien faire sans livres et sans étude ; alors ce qui viendra sera moins suspect, n'étant pas venu par le canal de la curiosité ou de l'imagination. Tout ce qui est bon en ce genre vient plus de la grâce que du travail humain. Lors même qu'on est dans ces états, il est très utile d'y être presque sans le savoir, de s'ignorer soi-même en cela, et d'en laisser le discernement à ses supérieurs.

Il est très essentiel, mes très chères filles, que vous sachiez éviter ce dangereux écueil qui se présentera peut-être à vous plus d'une fois dans la suite. Souvenez-vous de l'avis important de Notre-Seigneur : *Gardez-vous des faux prophètes qui viennent à vous couverts de peaux de brebis, et qui au dedans ne sont que des loups ravissants, vous les reconnaîtrez par leurs fruits.* Gardez-vous de leur mauvaise doctrine, quelque précieuse et parfaite qu'elle vous paraisse : vous la reconnaîtrez à la nouveauté, à la singularité, à la désobéissance, à l'entêtement, au soin de se cacher des supérieurs, aux troubles et aux autres excès qu'elle produira. Si vous prenez en tout les vraies idées de simplicité et d'humilité; si vous êtes petites à vos propres yeux, recueillies dans une vie d'oraison et d'action; si vous êtes pauvres de corps et d'esprit par une vie frugale et laborieuse pour le corps, et opposée pour l'esprit à toute sorte de présomption, de vaine politesse et curiosité; si vous vous regardez comme les servantes en Jésus-Christ des jeunes filles; si vous vous précautionnez continuellement contre les relâchements insensibles qui ouvrent la porte au monde, vous établirez une œuvre que Dieu bénira, et qui portera des fruits jusque dans les siècles à venir. Mais si vous ne pensez sérieusement à affermir les faibles fondements de votre communauté, tout tombera bientôt en ruine.

Les maisons qui ont commencé par des personnes

ferventes, simples, mortes à elles-mêmes, ont bien de la peine à subsister longtemps ; on ne voit encore que trop, que de grands instituts formés par des patriarches pleins d'un esprit prophétique et apostolique, avec le don des miracles, sont bientôt ébranlés par des tentations ; tout se relâche, tout s'affaiblit, tout se dissipe : la lumière se change en ténèbres ; le sel de la terre s'affadit et est foulé aux pieds. Que sera-ce donc d'une communauté qui n'est soutenue d'aucune congrégation, qui aura de grands biens pour flatter les passions et pour exciter celle des gens du monde, et qui a été élevée d'abord jusqu'aux nues, sans avoir posé les fondements profonds de la pénitence, de l'humilité et de l'entier renoncement à soi-même ? J'avoue que je compte infiniment plus sur le recueillement, sur la présence de Dieu, sur l'oraison du cœur, sur l'adoration en esprit et en vérité, sur l'amour de Dieu, que sur toutes les règles les plus importantes de l'extérieur : mais l'intérieur est vrai et solide, il inspirera cet attachement inviolable aux règles extérieures. On aimera mieux se taire que de parler ; travailler que d'être oisive ; rendre les parloirs inutiles en ne voyant personne, que mettre sa sûreté dans une grille qui est pourtant de bienséance et de nécessité. On aimera mieux épargner par la charité que de dissiper par le luxe et la mollesse ; renoncer à la curiosité, pratiquer la religion, que faire une étude pour se contenter et pour orner son esprit. Enfin on aimera mieux suivre la volonté des supérieurs que de s'attacher à la sienne propre. Voilà le seul moyen que votre maison soit la maison de Dieu.

Quittez, mes chères filles, tout autre esprit pour vous remplir de celui-ci. Vous n'êtes point redevables aux autres établissements de l'Église, encore moins au siècle et à la chair, pour vivre selon leur esprit. Voici votre portion; Jésus-Christ vous l'a faite selon la mesure de votre vocation. Vivez donc selon cet esprit; l'esprit de Dieu agit différemment dans les diverses parties du corps de Jésus-Christ. Il y a diversité d'opérations, diversité de dons, diversité de ministères; et c'est un seul et même esprit qui opère toutes ces choses en les distribuant à chacun selon qu'il lui plaît. Ici vous trouverez ce qu'il a plu à Dieu de vous départir. Laissez-vous conduire en tout par cet esprit; ne vous écartez jamais de ces règles, ni de ces conseils. Qui pourrait vous donner ce précieux trésor, si vous le perdiez? Préférez cette divine sagesse aux royaumes et aux couronnes; toutes les richesses ne sont rien auprès d'elle. Ne faites point entrer en comparaison avec elle ce qu'il y a de plus riche et de plus précieux sur la terre : tous les biens vous viendront avec elle; vous recevrez de ses mains des richesses innombrables. Réjouissez-vous quand cette sagesse marchera devant vous; elle est la mère de tous les biens; faites-en part à toutes vos sœurs; apprenez-la sans déguisement à toutes celles qui viendront après vous; ne leur cachez rien des grands avantages qu'elle renferme, elle est un trésor infini : toutes celles qui en useront seront les amies de Dieu, recommandables par leurs vertus et par leurs services, car Dieu conduira lui-même celles qui agiront dans cet esprit. Il n'aimera que celles qui en seront remplies; et les autres qui en seront privées seront comme rien devant lui, encore qu'elles paraissent consommées devant les enfants des hommes.

Envoyez, Seigneur, cet esprit de sagesse du haut de votre trône; communiquez-le abondamment à toutes celles que vous avez déjà choisies, et que vous choisirez dans la suite pour gouverner cette maison; qu'il soit et qu'il travaille toujours avec elles, afin qu'elles connaissent en tout temps ce qui vous sera le plus agréable, et qu'elles l'accomplissent constamment avec une parfaite fidélité (1).

(1) Voici comment, en envoyant à une Religieuse un exemplaire du traité, Mme de Maintenon l'appréciait :

« C'est un ouvrage dicté par l'esprit de Dieu pour l'utilité de notre chère maison. Le mépris du monde et l'estime de votre vocation y sont parfaitement bien traités. Rien n'est si beau que ce qui est sur les vœux et sur l'institut; il démêle bien nettement ce que j'avais toujours pensé confusément sur la grandeur de votre fonction et l'humilité de votre personne; il vous appelle servantes des enfants, et vous charge de mettre la religion dans leur cœur; c'est l'idée que j'ai toujours désiré que vous eussiez de votre état. Rien de plus élevé que vos occupations, rien de plus humble quand il n'est question que de vous; nul rang, nulle autorité, nulle envie d'être estimées, considérées et respectées qu'autant qu'il est nécessaire pour conduire les filles dont vous êtes chargées. Oh! que Dieu bénira votre travail quand il se fera dans cet esprit et que cette fondation si riche et si bien bâtie, si bien protégée, sera remplie par les plus humbles religieuses qui soient dans l'Église! Voilà, ma chère fille, ce que je vous souhaite et ce que j'espère de voir bien avancé avant ma mort. Lisez et relisez ce que je vous envoie, il doit être appris par cœur de toutes nos Dames, et je serai ravie de l'entendre au réfectoire. Il faudra me le rendre pour le mettre dans nos recueils. »

II

DU CHOIX DES SUJETS; QUALITÉS REQUISES CHEZ LES JEUNES FILLES QUE L'ON VOUDRAIT FAIRE ENTRER EN RELIGION.

Je crois que dans le choix des sujets, vous devez vous attacher à la droiture de l'esprit et à la bonne humeur, car je ne parlerai point ici de la piété et de la vocation, puisque vous ne pouvez avoir de doute là-dessus.

Tâchez donc de suivre dans les classes les enfants qui ont l'esprit bien fait, qui prennent simplement ce qu'on leur dit, qui ne sont ni difficultueuses, ni raisonneuses, ni soupçonneuses, ni pointilleuses, qui se font aimer des plus sages et haïr de personne, dont on aime la société, qui aiment leurs maîtresses, qui parlent peu, qui sont timides, qui aiment à faire plaisir, qui sont actives, car toutes ces qualités marquent un bon esprit et un bon cœur. Prenez le milieu entre un trop grand goût pour l'esprit et la crainte des grands esprits : on aura toujours assez d'esprit quand on l'aura droit, doux et commode : les grands esprits vous rendront de grands services s'ils sont dociles et soumis.

Craignez les discoureuses ; défaites-vous de ce que j'entends souvent : Cette jeune fille, dit-on, n'a pas de talents pour l'instruction, et n'a pas de facilité à parler. Il ne faut, pour parler, que savoir ce qu'on veut dire et avoir du bon sens. Que j'aurais

grand'peur d'une fille éloquente, et qui se distingue-
rait par là ! Quelle tentation de vanité, et que Dieu
bénirait peu ce qu'elle dirait dès que l'orgueil s'y
trouverait ! Où est la difficulté de faire une instruction et un catéchisme, le livre à la main, faisant
répéter et comprendre ce qui y est. l'appliquant à
l'état de vie dans lequel on se trouve, ne disant rien
dont on ne soit assuré, consultant sur ce que l'on
ne sait pas, et parlant tout simplement dans la présence de Dieu? voilà ce qu'il vous faut; toute autre
manière vous sera un piège.

Tâchez de distinguer l'activité de la dissipation
et de la légèreté; craignez les esprits légers,
inquiets, peu maîtres d'eux-mêmes, qui font beaucoup de bruit et peu d'ouvrage, qui tourmentent
ceux qui sont au-dessous d'eux, qui donnent de la
peine et n'en prennent guère. Examinez la bonne
foi jusque dans les moindres choses; il y en a qui
ne les font que superficiellement, qui balayent sans
se soucier que le lieu en soit plus net, et ainsi du
reste; ces caractères sont mauvais et se portent en
tout. Aimez les bonnes filles, qui se donnent tout
entières à ce qu'elles font; la vertu en retranchera
l'extrémité, et le profit vous en demeurera.

Voyez dans les récréations celles qui sont simples,
gaies et commodes, qui prennent tout en bonne
part, qui ne se fâchent de rien : c'est ce que j'appelle
être de bonne humeur; examinez si sur ce qu'on dit
elles vont droit au fait; si elles cherchent à s'instruire quand elles n'entendront pas d'abord, si elles
se rendent à la raison, ou si elles parlent pour parler, si elles aiment à embarrasser, si elles ne sont
pas frappées et convaincues par la raison. Je serais

infinie si je disais tout ce qu'il y a à examiner, et je
vous embarrasserais peut-être. Comptez que les
bons caractères d'esprit sont ceux avec qui on est
à son aise, à qui il faut peu de ménagements, et,
pour une religieuse, je vous ai déjà dit que je
préférerais à toutes les autres celle que la supérieure mettrait à toutes les charges de la maison,
sans craindre de la fâcher.

III

ESPRITS MAL FAITS, BONS ET MAUVAIS CARACTÈRES QU'IL
IMPORTE DE BIEN CONNAITRE QUAND IL S'AGIT D'ADMET-
TRE UN SUJET DANS LA COMMUNAUTÉ.

Une des choses à quoi vous devez surtout vous
appliquer dans le choix de vos sujets, c'est de connaître le caractère des jeunes filles : il est très important de n'en prendre que de bons, parce que
c'est ce qui se rectifie le moins; la piété qui peut
retrancher tous les vices n'ôte que rarement les
défauts qui viennent du caractère de l'esprit. Pour
moi, j'aimerais mieux ce que vous appelez une
méchante, qui n'est souvent qu'une espiègle, que
je ne m'accommoderais d'un esprit de travers, ou
d'une mauvaise humeur, quoique pieuse. J'aime
assez ce qu'on appelle de méchants enfants, c'est-

à-dire enjoués, glorieux, colères et même un peu têtus, une jeune fille un peu causeuse, vive et volontaire, parce que ces défauts se corrigent aisément par la raison et la piété, et même presque toujours par l'âge seul. Mait un esprit mal fait, un esprit de travers se soutient en tout.

Et j'appelle ainsi un esprit qui ne se rend point à la raison, qui ne va point au but, qui croit toujours qu'on veut lui faire de la peine, qui donne un mauvais tour à tout, et qui, sans être malicieux, prend les choses tout autrement qu'on n'a prétendu les dire. Mais rien n'est pire qu'un esprit faux, ou déguisé et dissimulé, ou entêté et opiniâtre; prenez garde à tous ces défauts, et à l'humeur, ce sont les plus importuns pour une communauté; car rien n'appesantit plus le joug de la supériorité que d'avoir à gouverner des esprits difficiles, auxquels il faut mille ménagements. Dieu souffre tous ces défauts parce qu'on peut bien être sauvé, ayant l'esprit mal fait : il est plus indulgent que nous, car il reçoit bien des gens en son paradis que je serais bien fâchée que nous admissions dans notre communauté.

Cependant, il n'est que trop commun de trouver de ces esprits de travers même dans les sociétés les plus saintes, car les couvents ne manquent pas de filles qui souvent ne savent ce qu'elles disent, mais qui savent bien ce qu'elles font, parce qu'agissant de bonne foi, Dieu, qui agrée tout ce qui est sincère, leur tient compte de leur piété, quoiqu'elle ne soit pas toujours fort droite; mais, bien qu'on puisse se sauver avec une dévotion de travers, je vous le redis encore, je n'en voudrais point recevoir ici pour rien au monde, à cause de l'obligation où vous êtes d'inspirer une piété droite à vos enfants

Mais qu'est-ce qu'une dévotion sincère et cependant de travers ?

— C'est, par exemple, quitter le Saint-Sacrement pour aller prier Dieu devant l'image d'un saint, sortir de sa classe quand on y doit être pour aller faire des prières de surérogation, mettre la tête contre un lambris de peur de laisser échapper sa dévotion et être toute troublée si l'on est interrompue pour quelque chose de nécessaire ; c'est être une heure à la porte du confessionnal à attendre que la contrition tombe du ciel, et dire encore, après cela, qu'on n'est pas disposé à se confesser parce qu'on ne sent pas la douleur de ses péchés ; c'est dépenser beaucoup à orner une chapelle pendant qu'on laisse manquer de soins ses sœurs saines et malades, employer à la prière beaucoup plus de temps qu'il n'est marqué, et négliger de remplir les devoirs de sa charge ; et mille choses semblables.

— Est-ce la même chose d'être un peu boudeuse ou d'être de mauvaise humeur ?

— Non, je permettrais bien un peu de bouderie ; il n'y a guère d'enfants qui n'y soient sujets ; ils n'ont pas pour cela l'esprit mal fait ; mais j'appelle une mauvaise humeur celle d'une personne aisée à blesser, qui est soupçonneuse, qui philosophe sur un air, sur une parole, enfin avec qui l'on n'est point à son aise, à qui l'on craint d'avoir affaire, au lieu qu'une fille de bon esprit est celle qui prend tout en bonne part, qui laisse tomber beaucoup de choses sans les relever, et qui, bien loin de croire qu'on a dessein de l'attaquer, quand on n'y pense pas, ne s'aperçoit pas même de celui qu'on aurait de la fâcher, qui s'accommode de tout, qui trouve des facilités à tout ce qu'on veut, qu'une supérieure peut mettre sans ménagement à toutes les charges et avec toutes sortes de personnes ; voilà ce que j'appelle un bon esprit ; c'est un trésor pour une communauté. Ainsi ce que je crois de plus important dans une jeune fille, après la bonne vocation et la piété, c'est ce bon esprit : quand vous trouverez cela, passez par-dessus les autres défauts, car vous ne trouverez jamais de sujets accomplis.

— Quels défauts pourrait avoir une personne qui aurait ces bonnes qualités ?

— Elle pourrait être un peu glorieuse, ou trop vive, ou dissipée, ou trop prompte, ou impatiente ou lente, peu capable, peu intelligente, mais tout cela se corrige avec le temps et la piété. Ne croyez pas non plus que les tempéraments les plus délicats rendent le moins de services à la maison. Quand une fille délicate à du courage joint un bon sens et un bon esprit, elle vous est plus utile qu'une fille forte et robuste qui n'aurait pas ces bonnes qualités. Croyez-moi, Dieu partage ses dons, et vous ne trouvez pas tout dans la même personne ; il est rare que ces esprits doux, faciles et accommodants, se trouvent dans un corps grossier.

IV

DANS LE CHOIX DES SUJETS, IL FAUT TENIR COMPTE DES QUALITÉS MORALES AUTANT QUE DE LA SANTÉ ET DE LA VIGUEUR PHYSIQUE.

Je vous prédis que Dieu vous punira, comme il punit les autres religieuses, si vous les imitez dans l'inhumanité qu'elles ont pour la santé des filles qu'elles reçoivent, ce qui engage les filles à des déguisements bien contraires à la simplicité, et à des contraintes qui en effet nuisent beaucoup à leur santé, au lieu que, si elles osaient dire leurs incommodités, on leur donnerait de petits soulagements qui raccommoderaient une santé délicate. Ces maisons, où l'on est si attentif à ne prendre que des sujets d'une santé vigoureuse, sont pourtant remplies de filles infirmes, vaporeuses et visionnaires, et qui le deviennent après leur profession pour punir le défaut de charité de ces maisons. Il le punira de même chez vous si vous avez la même âpreté.

Je ne prétends pas, en vous disant ceci, vous persuader qu'il faut remplir votre maison de filles malsaines, mais seulement vous inspirer de demeurer sur cela dans des bornes raisonnables; ces bornes raisonnables servent, ce me semble, de règle par rapport à la disposition présente des filles sans raisonner sur un avenir fort incertain, et ne pas juger, par exemple, sur un petit rouge qu'on verra à une fille, que sa poitrine est attaquée. Il faut même encore que vous remarquiez que vous recevez des filles dans un âge où elles sont sujettes à des incommodités qui n'ont pas de suite; vous l'avez déjà expérimenté en plusieurs qui ont présentement une santé robuste et que l'on condamnait comme des filles qui toute leur vie devaient être infirmes. Quand on a un vrai sujet de croire qu'une personne a véritablement la santé attaquée d'un mal qui ne se guérira point et qui la rendrait incapable des fonctions de la maison, je crois qu'il ne la faut pas recevoir. Quand je parle de vos fonctions, je ne veux pas dire qu'il soit nécessaire que toutes vos religieuses soient propres aux travaux pénibles de la maison; c'est même à quoi on peut le mieux suppléer, et par conséquent ce qui est le moins important.

« Cette fille servira bien la maison » est une phrase que je n'aime guère, si l'on entend par là qu'elle a bien de la force et de la vigueur pour soutenir son travail; ce que j'appelle rendre service à la maison n'est pas d'avoir de meilleurs bras qu'une autre; les bras ne sont pas ce qui vous manquera, vous en avez ici assez à votre disposition; ce que j'appelle donc une fille en état de rendre service à la maison, c'est une fille d'une piété solide, d'un sens droit, d'une régularité exacte et en laquelle on peut se confier, à laquelle, par exemple, vous pouvez confier toutes vos enfants, assurées qu'elles sont en de bonnes mains, qu'elle ne leur laissera rien faire de mal à propos; et ne leur donnera que de bons exemples. Je croirais donc qu'une fille de ce caractère devrait être reçue (quoiqu'elle fût délicate) par préférence à la plus vigoureuse personne du monde qui n'aurait pas ces qualités-là. Quand donc on vous en présente une que vous soupçonnez d'une santé faible, et qui avec cela est un sujet médiocre, je ne balancerais pas à m'en défaire, parce qu'en effet vous avez besoin de filles qui aient de la santé, et qu'il ne convient de passer par-dessus que lorsque vous êtes récompensées par des qualités préférables à la santé.

V

DE LA FORMATION DES NOVICES.

Il n'est pas besoin de poser pour principe que, quand il s'agit de novices, tout dépend de leur piété : je sais que vous comptez le reste pour rien ; mais il faut ne rien oublier pour leur inspirer une piété droite, ferme, courageuse et simple.

Apprenez-leur la religion dans toute sa grandeur : faites-leur voir qu'elle est en esprit et en vérité ; qu'elle ne consiste point dans les seules pratiques extérieures ni dans une observance judaïque de la loi, mais qu'elle doit être dans le cœur ; que c'est elle qui doit entrer dans toutes nos actions, qui doit les animer et les régler, depuis les plus importantes jusqu'aux plus petites.

Qu'il faut être soumise, fidèle à toutes les pratiques de la religion, mais sans gêne et sans scrupule.

Qu'on doit juger de la cause par les effets; que notre salut n'est pas attaché à la seule spéculation, mais qu'il faut éviter le mal et faire le bien.

Qu'il faut commencer par l'éloignement de tout péché; c'est la première obligation, et, sans celle-là, toute la piété n'est qu'illusion et amusement.

Que la volonté doit être absolument gagnée et déterminée à servir Dieu le reste de sa vie, quoi qu'il vous en coûte.

Jusque-là vous ne pouvez compter sur une fille; il n'y a que cette volonté entière qui fait entrer dans la voie sainte et qui fait avancer chaque jour.

Que la pureté de votre conscience et le zèle pour leur perfection ne vous fasse pas écarter de la vérité : ne leur donnez pour péché que ce qui est péché mortel, véniel, faute; nommez les choses par leur nom autant qu'elles peuvent être décidées, mais ne décidez pas hardiment.

Conduisez-les à Dieu par le chemin de l'amour, et faites-leur voir que, quand le cœur en est rempli, on ne ménage plus rien, on donne tout, et on ne demande ni le plus ni le moins, parce qu'on veut tout donner et tout faire.

Servez-vous de cette comparaison si connue, mais si juste, qui est ce que nous sommes capables de faire pour une créature que nous aimons trop. On lui sacrifie son bien, son temps, sa santé, ses amis, sa liberté, son plaisir, ou, pour mieux dire, on trouve un plus grand plaisir dans ce sacrifice entier de toutes choses qu'on n'en trouve en les possédant.

Quelle honte, si on ne faisait encore plus pour celui qui a tout fait pour nous, qui ne peut changer, qui ne peut finir, qui est sans défauts, et auquel nous serons unis pour l'éternité !

Quand leur cœur sera touché de ces vérités, rien ne leur coûtera, rien ne les ébranlera : elles entreront dans cette liberté qui est le caractère des enfants de Dieu.

Elles auront une sainte hardiesse avec lui, telle que ces enfants avec leur père quand ils sont bien convaincus qu'ils en sont aimés tendrement. On est bien hardi quand on sent qu'on aimerait mieux mourir que d'offenser Dieu, qu'on voudrait lui plaire aux dépens de tout, qu'on veut vivre et mourir dans ces sentiments, et que celui qu'on aime les voit dans votre cœur.

Elles seront fermes avec un tel appui et marcheront avec courage au travers des sécheresses, des langueurs, des inégalités, des découragements, et, en un mot, de tout ce qui exerce la vertu.

Si elles sont courageuses, elles seront ferventes et courront avec agilité, indépendamment de la faiblesse du corps et de l'esprit.

Examinez-les sur le courage : que pouvez-vous espérer dans la suite, si les commencements sont lâches ?

Le caractère d'une novice doit être une bonne volonté et une ferveur que vous soyez obligée d'arrêter : qu'elles veulent tout, qu'elles croient ne rien faire, et qu'elles volent aux pratiques intérieures et extérieures.

C'est à vous à les ménager et à leur faire désirer d'aller plus loin ; mais une novice qu'il faut exciter et qui fait le moins qu'elle peut sera, selon toutes les apparences, une mauvaise professe.

Qu'elles soient détachées des aises du corps : nourrissez-les durement dans tout ce qui n'intéresse pas leur santé essentiellement. Qu'elles négligent leur personne le plus qu'il sera possible, sans être singulières ou malpropres; mais ne leur souffrez pas le moindre soin, ajustement ou affectation. Observez ce qu'elles font dans les moindres choses : on doit juger des grandes par les petites. Celles qui ont de l'ordre dans ce qu'on leur confie, qui sont propres, qui sont arrangées, soigneuses, exactes, seront capables pour notre maison.

Mais ce que je ne puis assez vous recommander, c'est l'esprit de simplicité : qu'elles soient sincères, franches, ennemies des moindres duplicités. Suivez cette idée en tout : voyez si elles sont fines ou si elles veulent l'être; si elles sont de bonne foi dans leur conduite et dans leur conversation, car cette droiture de cœur, qui est la simplicité, se remarque en tout; si elles sont capables d'avouer leurs faiblesses, leurs fautes; si, dans leur confiance, elles ne retiennent rien; si elles disent le bien qui est en elles comme le mal quand on leur demande; car la simplicité est ingénue et ne cherche que la vérité, sans vouloir se louer ni se blâmer.

Voyez où elles se portent naturellement, et observez-les avant de leur ouvrir l'esprit sur toutes ces délicatesses, de peur qu'elles ne songent à vous les montrer pour vous tromper.

Instruisez-les de ce qui est nécessaire et solide; ne donnez rien à leur curiosité; empêchez les grands raisonnements, raffinements, objections, et tâchez de démêler si c'est la vérité qu'elles cherchent ou si elles veulent disputer pour se divertir, pour embarrasser ou pour montrer leur esprit.

Si la simplicité est nécessaire et aimable dans la société, elle est encore d'une plus absolue nécessité dans la piété.

N'oubliez rien pour les faire marcher dans cette voie; qu'elles prennent un confesseur, qu'elles n'en changent pas que par de bonnes raisons, qu'elles lui soient soumises en tout ce qui n'est pas mal, et qu'elles ne parlent jamais qu'à vous de la manière dont elles sont conduites et quand cela sera nécessaire.

Attirez leur confiance pour les mener à Dieu, mais ne les accoutumez point à traiter souvent de leur intérieur; donnez-leur des maximes fortes, libres; faites taire leur esprit et animez leur cœur.

Donnez-leur des pratiques d'oraison sans raffinements; qu'elles y soient simples dans la présence de Dieu; qu'elles méditent les vérités qui leur sont proposées, s'abandonnant à son amour, soit sensible, soit languissant; qu'elles y prennent des résolutions selon leurs besoins, qu'elles y soient fidèles et exactes à y donner tout le temps prescrit.

Qu'elles n'en parlent jamais entre elles et ne leur en parlez pas souvent; cela les accoutume à parler trop d'elles, à s'occuper d'elles-mêmes, et les fait entrer dans des raisonnements inutiles et dangereux.

Menez-les simplement, gaiement et humblement, par cette voie d'amour, d'abandon, de bonne volonté et de bonne foi dans tout ce qu'elles font.

Occupez-les beaucoup; accoutumez-les au silence; qu'elles se divertissent innocemment, et ne leur laissez guère de temps pour les conversations entre elles.

Retenez-les sur les exercices de piété qui ne sont pas de la règle; accordez-leur-en quelquefois, mais toujours comme des grâces, et allez au-devant de cette lassitude où l'on tombe quand on a trop fait en commençant.

Inspirez-leur cette dévotion, qui est de suivre l'esprit de l'Église en s'occupant des mystères dans le temps qu'elle a marqué.

Elles passeront leur année bien saintement si elles se préparent à la venue de Notre-Seigneur, si elles le reçoivent de tout leur cœur, si elles l'adorent avec les bergers, si elles lui offrent tout avec les rois, si elles vivent dans la soumission et la retraite avec lui, si elles travaillent, souffrent, meurent et ressuscitent avec lui.

Ne souffrez point une grande diversité de livres : le Nouveau Testament, l'Imitation, Grenade, Rodriguez, saint François de Sales et quelques autres suffisent pour toute la vie d'une personne; on n'a point ici beaucoup de temps pour lire, et ce n'est pas un malheur; l'observance de la règle et les charges prennent toute la journée. Qu'elles ne cherchent point l'éloquence, ce n'est que par vanité, et nous ne savons pas seulement ce que c'est que l'éloquence.

VI

PORTRAIT D'UNE NOVICE QUI TRAVAILLE A ÊTRE PAR-
FAITE, DANS SES RAPPORTS AVEC DIEU, AVEC SES
SUPÉRIEURES, AVEC SES COMPAGNES ET AVEC LES
ENFANTS.

Une parfaite novice entre au noviciat par une
vocation pure, qui consiste dans le dessein de se
donner à Dieu sans réserve et de lui sacrifier sa
vie entière.

Elle se dévoue à l'humilité, à l'obéissance, à la
pénitence, au service du prochain; et, par la pratique de ces vertus, elle entre dans le renoncement
à elle-même, qui est la perfection du christianisme
et qui doit être notre occupation continuelle.

Elle étudie soigneusement ses *constitutions ;* elle
se fait expliquer ce qu'elle n'entend pas; elle les
pratique à la lettre.

Elle est simple, n'ayant qu'une seule intention
qui est de plaire à Dieu; elle ouvre son cœur à
ceux que le Providence lui a donnés pour sa conduite, sans écouter ses répugnances ou ses inclinations, parce qu'elle regarde en eux la personne de
Jésus-Christ.

Quand elle a des peines, elle les déclare simplement et demeure en paix par les consolations
qu'on lui donne; si ces peines, par un ordre de
Dieu, continuent, elle les souffre comme une autre
croix.

Si les personnes qui ont sa confiance lui sont ôtées, elle la donne à ceux qui prennent leur place, croyant fermement que Dieu leur donne aussi la même grâce; cette pratique ne lui est point difficile, car dans une affaire si importante, elle ne consulte point son goût naturel.

Elle évite toute singularité; elle prie avec les autres, mais, si elle le peut, mieux que les autres; elle estime et aime sa règle : toute autre perfection n'est point la sienne; elle est ferme sur ce principe, que son avancement dépend de la fidélité à son état.

Elle en aime tout, elle en souffre toutes les peines en esprit de pénitence; le froid, le chaud, le bruit, la poussière, la fumée, la puanteur, l'activité continuelle lui tiennent lieu des haires et des cilices des autres maisons.

Si Dieu lui donne des vues particulières de pénitence, elle les propose et demeure en paix, qu'on les lui accorde ou refuse.

Elle a un grand respect pour ses supérieurs à proportion de ce qu'ils sont dans l'ordre de Dieu.

Elle fréquente les sacrements, autant que la règle le veut; et, si on l'en prive, elle se soumet et s'humilie.

Elle sacrifie en tout ses propres lumières et les montre quand on le lui ordonne; elle ne fait rien d'elle-même, et toutes ses actions sont enrichies de l'obéissance; elle ne cherche jamais son plaisir, et elle le prend avec simplicité quand les supérieures lui en donnent.

Elle ne reçoit nulle confidence sans permission, et si elle se trouve à portée de donner des conseils, elle renvoie le plus qu'elle peut aux supérieures.

Elle sait que tout ce qu'elle a de bon vient de Dieu et que tout doit retourner à lui; ainsi elle ne fait pas une action, ne dit pas une parole, même à la récréation, qui ne porte ses sœurs à leur devoir.

La simplicité la tient dans la paix; elle ne s'examine qu'autant qu'il est nécessaire pour ses confessions, pour pratiquer ses règles et pour éviter le mal; du reste, elle retourne peu sur elle-même et ne raffine jamais.

Elle donne ses pensées à Dieu, elle s'occupe de lui, elle l'aime; elle purifie ses sentiments, elle renonce à ce que l'amour-propre y veut mêler.

Elle admire les exemples des saints et la diversité de leurs pratiques, mais elle se tient ferme à celles de sa règle.

Elle lit peu; elle se nourrit du Nouveau Testament; elle adore ce qu'elle n'entend pas, elle profite de ce qu'elle entend.

Elle renonce à toute curiosité, elle craint ce qui peut l'exciter, elle cherche sa sûreté dans la simplicité, dans la voie commune et dans la dépendance.

Elle ne juge point des livres qu'elle lit, ni des sermons qu'elle entend, mais elle s'en édifie et tâche d'en profiter.

Elle n'est défiante que pour la jeunesse qui lui est confiée, quand elle y est employée; mais elle est simple avec les supérieurs, persuadée qu'ils le sont avec elle; son esprit lui sert pour trouver des facilités à tout ce qui lui est ordonné, et jamais pour former des contestations.

Elle se lève au premier son de la cloche, elle se

presse d'aller au chœur, non pour l'emporter sur les autres, mais par fidélité à la règle.

Elle médite, ou psalmodie, ou chante de tout son cœur, suivant toujours la règle et ne s'en départant jamais par un esprit de fausse liberté.

Elle ne perd pas un moment de ceux qui lui sont destinés pour la prière, et elle n'en prend point d'extraordinaire sans permission ; elle sort de l'église avec les autres et va prendre les relâchements selon son besoin et la volonté des supérieurs.

Elle va à sa charge, ravie de travailler pour le prochain, elle y garde le silence autant que son emploi le permet ; elle le rompt, s'il le faut, sans scrupule ; elle le reprend avec fidélité ; elle retranche les paroles inutiles, elle abrège celles qui sont nécessaires.

Si elle se sent dissipée, elle s'en humilie sans chagrin et se remet dans la présence de Dieu.

Elle va au réfectoire et y mange, sans choix et sans scrupule, ce qui lui est présenté, et prend autant de nourriture qu'elle en a besoin pour conserver ses forces qui sont destinées au service du prochain.

Elle écoute la lecture avec attention, et si c'est elle qui la fait, elle lit haut et distinctement, afin que les autres puissent en profiter.

Elle va à la récréation avec joie et simplicité, elle s'y place sans affectation ; si elle se trouve auprès des personnes qui lui plaisent, elle en use sans scrupule ; si elle est auprès de celles qui lui plaisent moins, elle y demeure en paix et prend part à leur conversation.

Elle ne songe point à montrer de l'esprit; elle laisse tourner la conversation selon le goût des autres; si on l'interrompt quand elle a commencé un discours, elle ne pense pas même à le reprendre à moins qu'on ne lui demande, parce que dans les plus petites choses, comme dans les plus grandes, elle ne veut tenir à rien.

Elle reçoit l'obéissance comme l'ordre de Dieu; elle va où elle est destinée, elle s'y donne tout entière après avoir demandé à Notre-Seigneur de la tenir près de lui; si l'activité et la vigilance l'en éloignent quelquefois, elle s'y remet sans s'inquiéter du passé.

S'il faut par nécessité manquer quelque observance, elle le fait sans en avoir de la joie par un esprit d'indépendance excessive, et sans chagrin par un esprit de scrupule et d'attachement.

Elle veille les enfants jour et nuit selon ce qui lui est prescrit, ravie de sacrifier son repos et sa santé pour empêcher que Dieu ne soit offensé par le plus petit dérèglement.

Elle estime les autres instituts, mais elle aime le sien, et s'y tient fidèlement attachée, comme au moyen que Dieu lui a marqué pour son salut.

Son caractère particulier est d'être modeste et silencieuse; non seulement son silence est extérieur, mais intérieur; ôtant à son esprit la liberté des pensées volontaires, elle les restreint à celles de son devoir et à ce que l'Évangile et la règle demandent d'elle, rejetant toutes les autres comme des tentations, quelques belles apparences qu'elles puissent avoir.

Elle n'a pas souvent besoin de repos, car elle

travaille sans contention et sans inquiétude, et avec la tranquillité que donne la vraie liberté des enfants.

VII

PIÉTÉ SIMPLE ET DROITE; PRÉSENCE DE DIEU; VIE INTÉRIEURE; DOCILITÉ.

Opposez-vous en public et en particulier à cette quantité de questions que font vos filles, et n'en souffrez jamais que celles qui ont à s'instruire des choses nécessaires; il est aisé de connaître si c'est ce qu'elles cherchent ou si elles veulent s'amuser ou se divertir, ce qui ne doit pas être sur ces matières qui doivent être traitées sérieusement. Qu'elles ne s'accoutument point à parler de Dieu qu'avec un extrême respect; je sais la liberté qu'il donne à ceux dont le cœur est véritablement à lui, mais je sais aussi que ces libertés sont dangereuses entre les jeunes personnes, et que les unes en abusent et les autres s'en scandalisent.

Il y a encore un autre inconvénient dans les questions curieuses, extraordinaires et inutiles, c'est que leurs visions se communiquent.

Inspirez-leur une piété simple, droite, sans raffinement, qui consiste en l'éloignement du péché, à marcher dans la présence de Dieu et à se laisser conduire avec docilité ; s'il plaît à Dieu de les appeler à une haute perfection et à des voies extraordinaires, il faut que ce soit un secret entre elles et leur confesseur.

Mais pour vous, je crois que vous ne devez entrer que dans l'éloignement du péché ; c'est une dévotion effective et non suspecte que la pratique de la présence de Dieu ; elle est, ce me semble, très solide, pourvu qu'elles s'y exercent doucement et tranquillement, sans s'inquiéter ni se troubler quand elles la perdent ; la docilité à se laisser conduire les mettra en paix et en sûreté ; l'éloignement du péché est la vraie preuve de l'amour de Dieu et une preuve plus convaincante que tous les désirs et les sensibilités que vous leur verrez quelquefois ; la présence de Dieu est cette vie intérieure absolument nécessaire à des religieuses ; la docilité à se laisser conduire, à souffrir même de leur confesseur, à n'en guère changer et à demeurer en paix par l'obéissance, vous marquera la sincérité de leur cœur, la droiture de leur esprit et l'égalité de leur humeur, qui sont trois qualités essentielles pour faire de bonnes religieuses.

On ne peut trop les rendre simples, soit que nous les gardions, soit qu'elles aillent dans d'autres maisons ; il faut les désabuser de l'esprit ; il faudra qu'elles le sacrifient et l'abaissent ; à quoi bon l'élever et l'orner ?

VIII

DES OBLIGATIONS DE LA VIE RELIGIEUSE ET ENSEIGNANTE; EXHORTATION A AIMER DIEU.

Aimez votre institut, comprenez-le dans toute son étendue, et sacrifiez-vous pour en remplir les obligations. Pesez bien ce que c'est que le vœu que vous faites à l'égard des enfants. C'est donner tout, que de n'excepter rien. Le mot élever s'étend à tous les soins des mères; il faut donc être persuadée que, leur ayant voué tout le temps de votre vie, vous ne pouvez en prendre sans le leur voler, et qu'il n'y a, pour votre relâchement et votre plaisir, que celui que la règle vous marque.

Il faut que tout le reste soit pour votre sanctification et pour la fin de votre institut, qui est de mettre la religion dans le cœur de vos enfants, et prendre, pour les former au bien et pour les préserver du mal, tous les moyens qui vous seront marqués. La même droiture et la même bonne foi qui doit vous occuper d'elles quand vous en êtes chargée doit tourner vos soins ailleurs, dès que l'obéissance vous l'ordonne, et vous devez alors oublier vos élèves sans vous en mêler, sous quelque prétexte que ce soit.

J'espère, par la bonté de Dieu, que vous serez bien éloignée des grands péchés. Mais prenez garde à ne vous pas méprendre dans le bien; le zèle est quelquefois indiscret, et la charité n'est pas toujours bien réglée. On a connu le fond du cœur d'une enfant ; elle a eu de la confiance en vous ; il paraît que vous la portiez à Dieu ; on veut suivre cette bonne œuvre, et cette bonne œuvre n'est plus pour vous ; la grâce cesse avec la mission, soyez-en bien persuadée. Marchez selon la foi ; souvenez-vous de ce qu'on vous dit le jour de votre noviciat sur la vocation : « Dieu vous envoie où votre supérieure vous envoie, et c'est pour ces emplois que Dieu vous donnera la grâce. »

Soyez ferme sur ces principes ; ils feront votre paix, votre sûreté et l'union de votre communauté. Ne vous mêlez jamais des affaires les unes des autres ; s'il se présente à vous quelque désordre sans l'avoir cherché, avertissez votre supérieure, et après cela, n'y pensez plus. Vous savez combien il y a que je dis la même chose ; votre expérience vous en a beaucoup appris ; les saintes compagnes que Dieu vous a données en savent mille fois plus que moi : profitez de tout, faites bien des provisions, mais surtout aimez Dieu. Donnez-vous à lui sans aucune réserve, ne comptez point sur vous, et le reste vous sera donné. Prenez l'esprit de communauté, évitez les singularités, même dans le bien ; que votre vie paraisse commune, et qu'entre Dieu et vous ce soit celle d'un ange, ou plutôt celle de Jésus-Christ. Je me laisse aller au plaisir de vous entretenir et à l'ardeur que j'ai de voir une piété solide établie chez vous ; demandez-la pour moi.

IX

UNE RELIGIEUSE ENSEIGNANTE : COMMENTAIRE DE LA RÈGLE; SUBLIMITÉ DE LEUR MISSION; PERFECTION QU'EXIGE LEUR ÉTAT.

Je crois que l'état d'une religieuse enseignante doit être très parfait, ayant à accommoder ensemble la vie active et le recueillement, absolument nécessaire pour conserver l'esprit de Dieu.

Une fille active, habile et remplie de talents, ne se soutiendra pas sans une piété solide et intérieure; son humeur l'emportera; elle se lassera et travaillera sans règle et sans persévérance.

Une fille tout intérieure, scrupuleuse, attachée à ses pratiques, abstraite et toute hors des besoins du prochain, ne remplira point les devoirs d'un institut fait pour le bien de ce même prochain, et pour des enfants qu'il faut former par tous les soins, les instructions et le bon exemple qu'on pourra leur donner.

Quelle vertu faut-il donc à une religieuse pour se livrer au prochain, sans se dissiper, pour travailler toute la vie sans se lasser, et pour agir toujours dans la présence de Dieu, en paraissant tout occupée des choses extérieures!

Cependant cet état est possible, Dieu n'en ayant point fait dans lequel on ne puisse faire son salut, en proportionnant toujours ses secours et ses grâces à nos besoins,

Il faut donc qu'une religieuse enseignante soit bien convaincue qu'elle ne peut rien sans lui, et qu'elle se détrompe de l'erreur de croire qu'avec de l'esprit, de la raison et du courage, elle remplira son devoir.

Elle ne se soutiendra jamais que par la piété; tout autre projet est sans fondement solide; Dieu se plaît à renverser ceux qui sont appuyés sur leurs propres forces, et les exemples qu'on en pourrait donner sont en grand nombre.

Que celle donc qui est engagée dans la maison sans ce grand fonds de piété, qui est une volonté déterminée de se donner à Dieu sans réserve, la demande sans se lasser, et qu'elle n'espère rien par elle-même, de quelque raison et vertu morale dont elle se croie pourvue.

Que celle qui sent cette bonne volonté se réjouisse, mais qu'elle craigne de la perdre, qu'elle la conserve par défiance d'elle-même et une entière confiance en Dieu.

Qu'elle partage toute sa vie entre le commerce qu'elle aura avec Notre-Seigneur et les obligations de son état.

Qu'elle commence sa journée par lui donner son cœur, par lui demander son secours et la grâce d'agir sans le perdre de vue.

Qu'elle soit fidèle à son oraison, autant qu'il lui sera possible, et qu'elle soit persuadée qu'elle est plus nécessaire pour soutenir l'âme que la nourriture ne l'est pour soutenir le corps.

On ne meurt pas pour manquer quelques repas, mais on s'en trouverait mal à la longue; si une nécessité rare et pressante fait manquer l'oraison, on n'en mourra pas ; mais si cela arrivait souvent, on s'affaiblirait, on tomberait malade et on pourrait mourir.

Qu'elle ne se fie donc jamais là-dessus à un certain zèle actif qui fait croire qu'on se soutiendra dans la vie dissipée, pourvu qu'on y porte de bonnes intentions et que l'on n'y soit que pour servir Dieu, et qu'elle croie dans une occasion si importante l'expérience de tous les gens de bien.

Jamais personne n'a été plus opposée à l'oraison que moi, plus difficile à s'appliquer et plus persuadée qu'agissant pour Dieu il n'était pas nécessaire d'employer à la prière un temps que l'on pouvait donner au prochain, et qu'il suffisait de se livrer aux bonnes œuvres dans la vue de Dieu.

Je puis vous assurer qu'on n'avance jamais par cette voie, qu'on n'est point en paix, qu'on travaille sans règle, qu'on se lasse aisément et que l'on trouve que l'on n'a rien fait pour Dieu, mais par humeur, par amour-propre et par des vues très éloignées de la pureté d'intention, qui fait tout le mérite de nos actions.

Il n'en est pas de même quand on travaille avec Dieu, et l'on s'aperçoit bien sensiblement qu'il travaille avec nous.

Une religieuse, bien pénétrée de ces vérités, mettra toute sa confiance en lui sans rien attendre d'elle-même, et deviendra, par son humilité, plus agréable à Dieu et plus utile à la maison que celle qui aura plus de talents naturels, si elle met en eux son espérance.

Elle remplira toutes les charges avec la même

joie, puisqu'elles sont toutes également propres à la sanctifier.

Elle sera l'exemple de l'obéissance et de la dépendance pour les supérieurs.

C'est encore là un endroit sur lequel je vous conjure d'être inébranlables; il est de l'ordre de Dieu d'obéir; notre sexe est fait pour obéir; votre état particulier est un état d'obéissance; obéissez donc et obéissez avec joie, vous y trouverez la sûreté et la paix.

Demandez à Dieu de bons supérieurs; mais, quels qu'ils soient, obéissez dans tout ce qui n'est pas péché.

Croyez que Dieu, qui a mis l'autorité entre leurs mains, leur donnera des lumières pour vous conduire; priez pour eux, ils sont plus à plaindre que vous.

Tâchez d'avoir une confiance illimitée en votre supérieure; elle doit vous tenir lieu de mère. Suivez en tout la voie que Dieu vous a marquée par votre vocation; c'est le plus court, le plus simple et le plus assuré.

Obéissez-lui sans réplique et sans raisonnement: ce n'est pas obéir que de ne faire que ce que vous jugez devoir faire.

Jugez charitablement des intentions de votre supérieure dans le choix qu'elle fait pour les emplois; n'en parlez jamais, et que votre obéissance ait les trois qualités qu'on vous a dites déjà.

Que le corps obéisse pour les choses extérieures; que le cœur obéisse par l'affection à ce qui vous est commandé; que l'esprit obéisse par la soumission à ne point critiquer ce qu'on lui commande.

Soyez donc soumises à vos pasteurs, à vos supérieurs et à tout ce qui a une autorité légitime sur vous.

Choisissez un guide après l'avoir bien demandé à Dieu, et quand vous l'aurez choisi, abandonnez-vous à sa conduite avec une docilité d'enfant; ouvrez-lui votre cœur avec simplicité; ne craignez point qu'il vous connaisse; allez de bonne foi: dites-lui vos maux avec toutes leurs circonstances.

Quand vous consultez un médecin, quel soin prenez-vous de l'instruire de votre tempérament, de vos rechutes et de vos faiblesses! Regardez votre conducteur avec un extrême respect, puisqu'il tient la place de Notre-Seigneur et qu'il a reçu de lui le pouvoir de vous absoudre. Soyez soumises à tous ses avis ; si vous avez peu de lumières, vous avez besoin d'être aidées; si vous en avez beaucoup, sacrifiez-les avec plaisir. Soyez simples comme des enfants dans tout ce qui regarde votre conscience.

Ne désirez point de dispense pour l'obéissance, obéissez de bon cœur, et regardez toute opposition là-dessus comme l'effet de l'orgueil et du libertinage (1).

Qu'une religieuse soit attachée à sa règle, qu'elle l'observe de bonne foi, qu'elle n'y trouve rien de petit, qu'elle considère que l'observation de sa règle est ce que Dieu lui demande.

(1) Cette expression, au dix-septième siècle, n'avait pas tout à fait la signification que nous lui donnons aujourd'hui; elle voulait dire : quelqu'un qui aime trop sa liberté, qui raisonne, qui est turbulent, qui fait l'esprit fort.

Que pouvons-nous faire de grand pour Dieu? tout est égal à son égard ; son ordre et notre amour pour lui en font toute la différence.

L'observance de la règle prend tout votre temps, elle ne vous laisse pas un moment, et c'est de cet emploi de votre temps que dépend votre bonheur présent et à venir.

Vous aurez assez prié quand vous aurez bien employé les heures que vous êtes au chœur, et vous prierez encore tout le reste du jour si, vous tenant en la présence de Dieu, vous faites vos actions pour lui.

Vous lui serez agréables dans votre récréation, elle sera méritoire, si vous la prenez dans l'esprit de votre règle.

A peine trouverez-vous les occasions d'offenser Dieu, et vous vous perfectionnerez avec une grande facilité.

Quel bonheur a une religieuse de pouvoir espérer qu'elle n'ouvrira la bouche que pour Dieu, et de savoir qu'elle lui plaît en reprenant une enfant, en infligeant une punition à une autre, et que tout est digne d'une récompense éternelle, quand il est fait pour lui !

Or, tout ce qui est de votre règle est par rapport a lui ; cet accomplissement de la règle est le remède et le préservatif de tous les maux qui sont à craindre dans les communautés ; cet emploi du temps n'en laisse point de reste pour s'ennuyer, pour discourir inutilement, pour lier des commerces particuliers, sources de toutes sortes de désordres.

De la manière dont les journées sont disposées,

une religieuse ne peut avoir de conversation parti-
lière sans dérober ce temps à quelqu'un de ses
devoirs.

Défiez-vous de tout ce qui vous éloignerait de
cette vie commune, et regardez comme une illusion les vues de perfection qui vous tireraient des
obligations de votre état.

Vous recevez tous les jours de si merveilleuses
instructions là-dessus, que vous ne serez pas ex-
cusables, si vous n'avez une piété droite et solide.
Vous savez que c'est l'amour-propre qui nous fait
prendre les chemins extraordinaires, en nous faisant dédaigner notre devoir comme moins propre
à nous attirer des louanges.

Vous n'en mériterez pourtant que dans cet accomplissement de votre devoir (si nous pouvons en
mériter), et ce ne sera que par cette voie que vous
deviendrez parfaites.

C'est par l'accomplissement de son devoir qu'une
religieuse édifiera toutes les autres sans jamais les
fâcher ni les attrister par aucune singularité qui,
en même temps qu'elle enorgueillit celle qui veut
être singulière, décourage celles qui sont dans une
vie commune.

Que vous êtes heureuses de vous être données à
Dieu sans réserve, et de pouvoir employer tout
votre temps à lui attirer des milliers d'âmes qui
passeront dans votre maison!

Vous êtes nées d'un sexe qui devrait naturellement vous renfermer dans le silence, dans l'oubli
et dans le soin de votre sanctification particulière,
et Dieu, par ses desseins sur vous, vous a appelées
aux fonctions de ses ministres.

Quel honneur! mais en même temps quelle infidélité si vous n'y répondiez pas!

Qu'une religieuse enseignante peut faire de bien! et, par la même proportion, qu'elle peut faire de mal! Combien d'âmes peut-elle porter à Dieu par ses soins! combien d'âmes peut-elle scandaliser et conduire à la mort par sa négligence!

Votre maison ne peut être médiocre il faut qu'elle soit sainte ou remplie de trouble et de dissipation.

Il faut que vos enfants soient une assemblée d'âmes innocentes et pures qui tendent à Dieu, éloignées de l'esprit du monde, ou que ce soit une troupe d'indépendantes qui s'ennuient, qui aspirent au monde, et qui ne soient arrangées qu'au dehors.

Je sais qu'il pourra y en avoir, dans un si grand nombre, quelques-unes, malgré vos soins, qui voudront se perdre; mais qu'elles n'osent se montrer, et qu'en attendant que leur cœur soit touché par celui qui en est le maître, que leur conduite soit contrainte par la règle et par l'exemple des autres.

Que les religieuses n'entrent jamais en commerce avec les enfants si leurs charges ne les y obligent, et qu'en ce cas elles ne parlent que pour ce qui est nécessaire, avec douceur et gravité.

Qu'elles considèrent l'exemple qu'on leur doit; qu'elles ne se familiarisent jamais avec elles, surtout avec les grandes. Imitez les mères qui sont sages : elles ne caressent que les plus petits enfants, elles tiennent les autres dans la crainte et dans le respect, quoiqu'ils soient l'objet de leur tendresse.

Ayez une extrême attention à ne pas les scandaliser; croyez qu'on ne peut trop là-dessus être sur ses gardes; elles se mêlent de juger plus tôt qu'on ne pense.

Que les religieuses conservent précieusement l'éloignement où elles sont des parloirs et de tout commerce avec le monde; elles y ont renoncé, et voué tout leur temps à l'œuvre de Dieu (1).

Tout le commerce des hommes roule sur l'utilité ou sur le plaisir; elles ne sont utiles à personne, et n'ont besoin de personne; elles trouvent leur plaisir dans leur maison.

Elles sont appelées à un plus noble commerce : demander à Dieu, recevoir de lui, et répandre sur les enfants, voilà leur commerce.

Qu'elles prient pour leurs proches, qu'elles les consolent chrétiennement quand elles les voient; mais qu'elles ne se croient point obligées de se mêler de leurs affaires et de leur attirer des amis.

Qu'elles oublient les connaissances qu'elles avaient dans le monde, bien loin d'en faire de nouvelles; qu'elles ne pensent qu'à Dieu et à tenir tout ce qu'elles lui ont promis.

Qu'elles soient persuadées qu'elles accomplissent toutes le vœu d'élever les enfants, dans quelques charges qu'elles soient, et que celle qui a soin des

_____

(1) « Vous m'apprenez bien des choses dont je n'avais pas ouï parler; on ne m'a point dit que vous aimiez le parloir plus que les autres; mais puisque vous me parlez avec tant de simplicité, souffrez, je vous conjure, que je vous prie de vous contraindre là-dessus le plus que vous pourrez, car rien n'est si bon, surtout dans une communauté, que cet esprit d'éloignement du monde; les commerces du dehors perdent tous les couvents. »   (*A une religieuse.*)

habits, celle qui est à la porte, celle qui conduit les converses, remplit les devoirs de l'institut comme celle qui est aux classes.

Qu'elles ne raisonnent jamais sur leurs emplois : ils sont en quelque manière tous égaux : il n'y aura de différence qu'à proportion de la perfection avec laquelle on s'en acquittera.

X

CONSEILS DE PERFECTION; ELLE CONSISTE DANS L'ACCOMPLISSEMENT DE SES VŒUX; AIMER SA RÈGLE; DÉVELOPPER L'ESPRIT DE COMMUNAUTÉ.

Si des Religieuses enseignantes veulent rester fidèles à leur vocation, il faut qu'elles se regardent comme chargées uniquement du soin des jeunes filles qui font partie de la communauté, qui n'ont rien de particulier et qui en tout doivent être traitées comme les enfants de la maison : même instruction, mêmes règles, même nourriture, mêmes maximes, même esprit, sans nulle différence que celle qu'il y a entre des personnes toutes formées et celles qu'elles doivent former, et entre des personnes qui doivent donner l'exemple et les autres en profiter. Je sais que les Religieuses ont fait des vœux, et que par là elles sont obligées à une plus grande perfection que les élèves; mais c'est aussi le seul point qui les distingue et le seul moyen qu'il y avait pour les attacher à l'éducation des enfants.

C'est leur unique affaire qui s'étend bien loin si elles en connaissent toutes les obligations. Ce n'est pas assez d'un ordre extérieur et de l'accomplissement de la règle de la journée; il faut attaquer les mauvaises inclinations et les vices s'il y en a, en faire de solides chrétiennes, leur donner des principes sur tout, afin qu'elles puissent y revenir quand elles seront assez malheureuses pour s'en écarter pendant quelque temps de leur vie.

A l'égard des affaires temporelles, les religieuses doivent avoir une grande application pour qu'il n'y ait point de désordre dans leurs dépenses.

L'institution est une manière de collège : il faut que tout ait rapport à l'instruction et à l'éducation, et que la maison se conforme à ce qui est le plus utile à l'avancement des élèves. Il a été nécessaire d'assujettir la communauté à une règle, à un office, puisque la clôture étant établie, les filles ne pourraient aller chercher dans les églises cette consolation et cette nourriture pour leur piété; mais il ne faut pas qu'elles augmentent là-dessus ce qui est établi, et qu'il y ait jamais plus de temps au chœur ni plus de chant, se tenant toujours au principe que tout doit être par rapport aux enfants qui ne peuvent être plus longtemps à l'église, et qui doivent partager leur journée entre la prière, l'instruction, le travail et le relâchement qui leur est nécessaire.

Il faut se garder du prétexe spécieux de vouloir

plus de perfection, plus d'oraison et plus de dévotion, puisque la leur consiste en l'accomplissement de leurs vœux et à suivre l'intention et les conditions de leur fondation.

Il y a des maisons destinées à la contemplation, au chant des louanges de Dieu, à l'adoration perpétuelle du Saint-Sacrement, et à plusieurs autres manières de servir Dieu, qui sont excellentes ; mais la nôtre est faite uniquement pour former les jeunes enfants et celles qui sont nécessaires pour les instruire. Il faut bien comprendre cette obligation avant de s'y engager ; mais quand on a fait les vœux, il faut être bien convaincue que tout ce qui détourne de celui d'employer toute sa vie à instruire, enseigner et élever les enfants ne serait que tentation. Il faut donc que les religieuses se rendent parfaites pour perfectionner les autres, et qu'elles y travaillent autant par leur exemple que par leurs paroles.

Le commerce des présents étant interdit aux religieuses, puisqu'elles n'en peuvent recevoir, il faut que leurs ouvrages soient utiles à la maison en général ou en particulier : le nombre des enfants qui y sont, la lingerie et la sacristie fourniront assez d'occupation.

Surtout, mes chères enfants, évitez la trop grande liberté, ne courez point par la maison, n'allez qu'où vous avez affaire, ne faites jamais de visites qu'avec permission, et prenez les relâchements dont vous avez besoin dans la communauté, et toutes ensemble. Vous êtes perdues si le dégoût de la communauté vous prend et s'il vous faut des commerces particuliers les unes avec les autres.

J'ai oublié de dire sur les ouvrages particuliers que les religieuses n'en sauraient faire particulièrement, puisqu'elles n'ont point de quoi acheter ce qu'il faut pour travailler; néanmoins les maîtresses des classes pourraient apprendre à broder, car on pourra dans la suite vouloir faire des ornements; enfin, tout doit être en communauté, et tout travail doit être utile à la maison.

Les supérieures ne pourraient s'opposer trop fort au commerce des religieuses avec les élèves; elles ont en santé leurs maîtresses, et dans leurs maladies les infirmières.

J'ai passé trop légèrement la nécessité de séparer les religieuses d'avec les élèves; il faut être implacable là-dessus, et cela se pratique dans tous les lieux où il y a beaucoup d'enfants. Les écoliers ne connaissent que leurs maîtres; les pensionnaires n'ont de commerce qu'avec celles qui sont chargées des classes; on ne saurait trop renfermer les enfants dans la leur; et si on veut en être craintes, respectées et estimées comme il faut l'être pour leur inspirer le bien, il faut rarement se montrer à elles.

On ne peut assez louer Dieu de l'éloignement que l'on a dans une communauté pour les parloirs; c'est la sûreté de la vocation, c'est l'intention des fondateurs, c'est le bonheur pour le temps présent et pour l'avenir, et les anciennes ne peuvent trop soutenir cette sainte pratique.

On a une conduite sur les ecclésiastiques, qui est encore une grande bénédiction. Je prie Dieu de tout mon cœur qu'elle ne change jamais; que, sous quelque prétexte que ce soit, on ne les voie point qu'à l'autel et au confessionnal; que l'on n'en parle point; qu'il ne soit question ni des confessions ni des confesseurs; que l'on n'ait point de préférence pour les uns ni pour les autres, et que l'on aille simplement à celui que l'on veut, sans dire les raisons de son choix. Il faut que les sacristines soient exactes à ne parler aux prêtres que pour les choses nécessaires, et que ce soit avec une modestie qui les édifie.

Je vous conjure, mes chères filles, de garder une grande simplicité dans le choix de vos livres, de prendre ceux que votre supérieure vous donnera, sans vous mettre en peine de qui ils sont. Attachez-vous aux choses que vous y trouverez, et point aux termes; lisez pour profiter; n'ayez point d'autres vues; elles sont toutes vaines et dangereuses, et nous sommes trop heureuses d'être obligées, par notre sexe et par notre ignorance, à être simples et soumises, puisque c'est la voie la plus facile et la plus sûre.

Ne soyez point curieuses de savoir ce qui n'est point utile à votre salut et à l'éducation des enfants : ce sont les deux seules choses dont vous êtes chargées. Partagez votre vie entre les prières, l'instruction de vos filles, l'exercice de vos charges, et le divertissement honnête et réglé qui vous est nécessaire; attachez-vous à une exacte obéissance envers vos supérieurs, et en cela ne croyez rien de petit; c'est ce qui soutiendra votre maison.

Rien n'est si dangereux dans les communautés que ces esprits qui en méprisent les règles, les coutumes et les maximes, qui y trouvent de la petitesse et qui prétendent que Dieu ne peut compter ce qui n'est pas grand; c'est le discours de l'impie, et vous ne pouvez trop tôt vous défaire de ces sortes de caractères d'esprit. Nous n'avons rien de grand à donner à Dieu; tout est également petit devant lui; il n'y a que notre amour et la pureté d'intention qui y donnent le prix, et l'assujettissement à votre règle lui plaira, comme si vous souffriez le martyre.

Concevez bien vos obligations devant Dieu, et ne croyez pas en être quittes pour être de médiocres religieuses.

Il n'y a point de communauté qui ait tant de surveillants que la vôtre; vous devez l'exemple à deux cent cinquante enfants qui ont toujours les yeux sur vous, et dont la plus jeune se mêle de juger tout ce que vous faites.

Examinez bien la vocation des enfants que vous voudrez recevoir Religieuses : il leur faut de la santé, de l'esprit et quelques talents, s'il est possible; mais la vertu et la véritable vocation sont préférables à tout, car avec une vertu solide et droite tout se rectifie.

Soyez de même pour vos sœurs converses, et vous verrez qu'une fille pieuse et d'une piété droite vous rendra plus de services avec une force médiocre, qu'une fille forte ne vous en rendra si elle n'a pas la vue de Dieu, et la raison en est, que celle qui sert Dieu en vous servant fait tout ce qui lui est possible, et l'autre le moins qu'elle peut.

Souvenez-vous de ce que je vous ai dit mille fois sur les relâchements dont vous avez besoin; ne les prenez jamais devant vos élèves, à moins qu'ils ne soient très modérés, et qu'elles vous voient toujours en état d'attirer leur estime et leur respect.

Ne vous séparez jamais, quoi qu'il pût vous arriver dans la suite, et s'il y en a de plus sages les unes que les autres, qu'elles ne s'éloignent point de leurs sœurs, qu'elles les attirent à la vertu par leur douceur et par leur amitié.

Gardez un milieu entre l'indifférence de votre charge ou le trop d'attachement ; il faut la bien faire et s'y affectionner, mais tâcher de donner toujours quelques heures à la communauté et à l'union générale.

Votre ménage doit être un grand ordre, une application à ne rien laisser perdre et à conserver ce que l'on a, le retranchement de toutes sortes de délicatesses, et une vue d'épargner pour faire plus d'aumônes. Il faut préférablement aux aumônes donner aux enfants tout ce qui leur est véritablement nécessaire, c'est-à-dire un grand soin d'elles dans leurs maladies, et qu'elles soient bien nourries et bien vêtues dans leur santé.

Souffrez que je vous dise encore que l'assiduité à la communauté est ce qui vous sera le plus utile : quand de bonne foi vous partagerez votre journée entre les observances, les fonctions de votre charge et quelques heures à la communauté, vous n'en aurez guère de reste.

XI

EXAMEN DE CONSCIENCE SUR LES VŒUX RELIGIEUX; ENCOURAGEMENTS MATERNELS ET CONSEILS

Sur l'obéissance, il me semble que vous y êtes présentement bien fondées : vous respectez, aimez et obéissez cordialement à tous vos supérieurs; il n'y a qu'à bénir Dieu des progrès que vous avez faits sur cet article, et il y a tout lieu d'espérer que cette pratique si bien établie se soutiendra à l'avenir. Touchant la chasteté, on n'a, grâce à Dieu, rien à vous reprocher : vous ne cherchez aucun plaisir hors de votre maison, vous avez un éloignement sincère pour le monde, vous fuyez le commerce avec les séculiers; il ne paraît aucune attache ni amitié particulières entre vous, non plus que pour les autres personnes du dedans.

Je ne vous trouve pas si avancées sur le vœu de pauvreté; quoique vous ayez fait du progrès, il vous en reste encore beaucoup à faire; vous vous sentez toujours de l'abondance où vous avez été dès votre établissement.

Ne mettez point de bornes à la perfection que votre saint état exige de vous; soyez en garde contre cette pente qu'on a ici à l'abondance et la recherche de ses commodités; aimez à sentir les privations qui doivent rendre votre pauvreté réelle et effective, et sachez les porter courageusement; ne vous donnez pas la liberté d'imaginer des commodités, de les demander expressément; penchez plutôt à vous retrancher quelques-unes de celles qu'on donne ici largement; soyez ravies le jour que la Providence vous procurera l'occasion de sentir votre vœu de pauvreté par quelques privations qui coûtent à la nature et qui mortifient; car la pratique de la mortification est inséparable de celle de la pauvreté; ce sont deux vertus essentiellement nécessaires à la vie religieuse et dont la pratique détruira les défauts que nous vous avons si souvent reprochés. Ne craignez pas tout ce qui peut faire un peu souffrir votre corps; remettez-vous entre les mains de vos supérieurs du soin de votre santé; la charité qu s'établit ici dans les supérieurs, et qui j'espère s'y conservera, saura bien prévenir vos véritables besoins et y remédier. Vous n'avez pas lieu de craindre d'être mises à de trop fortes épreuves sur cet article, puisqu'ils y veilleront avec une charitable prévoyance; reposez-vous-en donc sur eux sans vous en inquiéter, et appliquez encore là cette vertu de pauvreté et de mortification à laquelle votre état vous engage.

Pour l'éducation, on a sujet d'être content de l'état où sont vos classes; les règlements qu'on y a établis s'y maintiennent; il reste néanmoins dans les jeunes maîtresses un défaut dont j'ai vu depuis peu plusieurs exemples, c'est qu'elles ne paraissent pas assez entièrement auprès des enfants lorsqu'elles sont avec elles, principalement pendant les récréations. Cependant, mes chères filles, c'est un des temps où vous pouvez leur être le plus utiles; tout ce qu'elles font, tout ce qu'elles disent, vous doit donner matière de former leur raison, et de les redresser sur leurs fausses idées ou leurs mauvaises manières; vous devez dans ce temps-là, comme dans tous les autres que vous êtes aux classes, vous occuper uniquement de vos filles sans vous permettre de vous en distraire un moment, ni de vous reposer de cette vigilance sur qui que ce soit, au réfectoire, au dortoir, ou ailleurs. Vous me répondrez peut-être : Nous ne respirerons donc pas? Et je vous répondrai : Non, tant que vous serez auprès d'elles. Si vous n'aviez pas des heures pour sortir de vos classes, je vous demanderais une chose impossible en exigeant une attention si continuelle; mais votre ordre de journée est merveilleusement bien tourné pour vous donner le délassement et le repos dont vous avez besoin. Il y a chaque jour des heures où vous perdez de vue vos enfants et où vous avez la consolation de voir vos sœurs, de prier Dieu avec elles, d'y manger, de vous récréer; ayez donc la fidélité de remettre à ces heures-là le relâchement qui vous est nécessaire, car pour celles que vous passez auprès des élèves, vous ne devez pas, encore une fois, vous relâcher un instant de cette application à les veiller et à les former. Si vous les menez au jardin, vous respirez l'air avec elles; mais vous ne devez pas vous livrer entièrement au plaisir de la promenade, ni vous amuser d'entretenir quelques personnes; vous vous y devez occuper uniquement de vos filles, et tenir la main que toutes les grandes enfants qui sont dans vos classes pour vous aider, aussi bien que tous vos petits chefs, s'en occupent dans ces heures de récréation comme dans les autres, sans craindre qu'elles s'ennuient, et sans chercher à les récréer elles-mêmes dans un temps où toute votre attention doit être réservée pour votre classe.

Un autre article sur lequel je me suis proposé de vous parler, pour vous congratuler de ce que Dieu a fait en vous qui tient du miracle, c'est le désir que vous témoignez souvent d'être regardées comme de petites religieuses; il n'est certainement pas naturel; c'est lui qui vous donne une disposition si opposée aux sentiments d'élévation que la grandeur de votre établissement aurait pu naturellement vous inspirer; car s'il y a quelques religieuses pour qui on dût craindre, avec sujet, la fierté, c'est vous autres.

Quelle joie pour moi, mes chères filles, de voir qu'au milieu de tant de sujets d'élévation et de gloire vous ne respirez que l'humilité et la simplicité, jusqu'à n'ambitionner que le nom de petites religieuses, et à aimer sincèrement et dans la pratique d'être regardées et traitées comme telles! Par cette humble simplicité vous expiez ce qu'il y a eu de grandeur humaine dans votre établissement, et vous affermissez inébranlablement votre institut; il n'y a aucun sujet de craindre qu'il dégénère jamais tant que vous serez dans ces sentiments.

Conservez donc précieusement, je vous en conjure, ces fortes dispositions d'humilité, de simplicité, et, si j'ose ainsi parler, d'une bienheureuse petitesse qui vous attirera les bénédictions de Dieu. Étendez cette simplicité jusqu'à vos sœurs converses : elles sont religieuses; regardez-les et traitez-les comme vos sœurs; n'ayez point envers elles une conduite de maîtresses à l'égard des domestiques : la religion égale tout; il n'y a de différence que

dans l'exercice de vos emplois; elles doivent faire
la lessive et les autres gros ouvrages, comme vous
faites le catéchisme aux élèves. Il faut encore
qu'elles vous soient soumises dans les charges
comme à leurs officières, et qu'elles demeurent
dans la séparation d'avec vous marquée dans vos
règlements; hors de là le traitement doit être uniforme entre les religieuses du chœur et les sœurs
converses; aimez-les comme vos sœurs, en conser-
vant pourtant la réserve que la prudence doit vous
inspirer pour ne vous point familiariser avec elles,
ni leur faire des confidences dont il serait à craindre
qu'elles n'abusassent.

XII

QU'IL NE FAUT PAS SE RELACHER DANS LA VIE RELIGIEUSE.

Je ne trouve rien de si pénible à la nature qu'un
gouvernement chrétien, parce que dès qu'on veut
remplir ses devoirs il faut s'oublier, se compter
pour rien, se livrer aux autres, faire souvent tout
autre chose que ce que l'on voulait, ne jamais
montrer d'humeur, de passion, de faiblesse,
d'acception de personnes; enfin se livrer tout
entière à l'emploi dont on est chargé sans aucun

rapport à soi-même. Un gouvernement humain est bien plus doux : on prend ce qui plaît, on laisse le reste parce qu'on rapporte tout à soi, et qu'on ne cherche que son plaisir et son repos. Une première maîtresse qui ne se laisserait approcher que des plus agréables et des plus spirituelles de sa classe, qui passerait le jour dans un fauteuil à leur faire dire des vers, des conversations, et autres choses propres à réjouir, ou qui s'entretiendrait avec elles quand elle serait d'humeur de le faire, éloignant le reste de ses filles, et ne souffrant point qu'on l'abordât quand elle voudrait se reposer ou se livrer à ses pensées, serait, comme vous voyez, fort à son aise ; mais aussi ne ferait-elle rien moins que son devoir.

Vos devoirs demandent une grande vertu, et vous n'avez pas les mêmes ressources qu'ont les autres religieuses pour se maintenir dans l'esprit de leur dévotion ; au contraire, tout ce qui vous environne vous servira de pièges et de prétexte pour vous relâcher. La vie austère et pénitente de la plupart des religieuses les rappelle même à l'esprit de leur vocation ; elles ne peuvent guère s'en éloigner que l'on ne s'en aperçoive, parce qu'il faut que l'extérieur aille toujours, et ce qu'elles ont seulement à craindre est une diminution de la ferveur intérieure, qu'il leur est facile de renouveler à l'approche d'une fête, d'une retraite, d'une visite, d'une communion ; tout cela les réveille, et répare le mal avant même qu'il ait paru. Il n'en est pas de même chez vous : le petit peuple qui vous environne, et qui ne cherche qu'à secouer le joug, ne favoriserait que trop votre relâchement, qui ne se renfermerait pas à vous

seules, car votre jeunesse y participerait bientôt ;
et je ne donnerais pas quelques mois pour détruire le bien que nous tâchons d'établir. Tout
roule sur votre vertu, et les remèdes que vous
pourriez chercher au dehors, même dans ce qu'il y
a de plus saint de votre connaissance, achèveraient
plutôt de tout ruiner qu'ils ne vous aideraient à vous
rétablir, parce qu'il est presque impossible, quelque
éclairés que puissent être ceux que vous pourriez
consulter, qu'ils comprennent assez vos obligations
particulières pour vous rendre l'esprit de votre
institut, si vous l'aviez perdu (1). »

Pourquoi ne vous donneriez-vous pas tout entière
à un emploi qui vous vient de la part de Dieu, et

(1) Une maîtresse avait de la peine à se donner si fort aux
soins de sa classe parce qu'elle en était souvent distraite ;
Mme de Maintenon lui répondit : « Personne n'est exempt de
distractions ; il vaut mieux avoir celles-là que d'autres plus
mauvaises. J'avoue qu'il faut travailler à se modérer, mais
après tout un peu trop d'activité vaut mieux que de la len-
teur ou de l'indifférence, et les naturels vifs sont ordinairement les meilleurs et les plus propres à rendre service.
Voyez si vous avez sujet d'être affligée que la multitude des
soins inséparables de votre charge rende votre présence de
Dieu moins douce qu'autrefois. Pour moi qui suis aussi fort
vive, je me trouve accablée de distractions aussi différentes
que sont les affaires dont j'ai la tête remplie. Je ne me
présente guère devant Dieu qu'au travers d'une multitude
de pensées qui remplissent mon imagination, mais je me
console en lui disant : « Il est vrai, Seigneur, que je mêle
« dans mes actions une vivacité naturelle qui n'est pas
« exempte de plusieurs défauts dont je suis confuse ; mais
« aussi, vous savez que je ne les entreprends que pour vous
« plaire et pour vous servir, et que si je consultais mon goût,
« j'aimerais mieux me reposer que de me donner bien du
« mouvement pour des affaires qui me seraient étrangères,
« si tout autre que vous y était intéressé. » Ce qui doit consoler une personne vive, c'est de penser qu'elle agit pour Dieu ;
sans cela elle serait accablée de ses défauts. »

qui est pour sa gloire? C'est précisément ce que j'estime en vous, et si Dieu me donnait le pouvoir de former une personne comme je le souhaiterais avec promesse de lui accorder tout ce que je pourrais désirer pour elle, je la demanderais d'un caractère à se donner tout entière à ce qu'elle fait sans rien réserver pour son plaisir, ni pour son repos, et c'est même ce qui s'appelle le bon naturel. Mais il faut avoir soin de le sanctifier par l'intention pure de plaire à Dieu, de procurer sa gloire, de se rappeler de temps en temps sa présence avec tranquillité et douceur, de ne jamais manquer par sa faute à aucun des exercices de piété marqués par la règle.

XIII

DE LA DÉFÉRENCE ET DES TÉMOIGNAGES DE RESPECT
DUS AUX SUPÉRIEURS.

Je vous ai dit quelquefois que vous comptiez trop sur les dispositions de votre cœur, et que vous négligiez trop les démonstrations; ce n'est pas que je vous voulusse affectées, ni même trop affectionnées, mais il faut garder les bienséances. Peu de gens sont assez solides pour ne regarder que le fond des choses : on se touche par l'extérieur; ce n'est donc pas assez de respecter dans le cœur vos supérieures, il faut le montrer par des respects extérieurs et par des déférences en tout. Vous savez que je ne suis pas fort touchée de ces sortes de cérémonies; mais j'ai vu par expérience qu'elles entretiennent le respect, et que les pratiques contraires passent de la liberté à la familiarité, et de là au mépris. Saint Paul ordonne de se prévenir d'honneur les uns les autres : il connaissait la faiblesse humaine; il y a des personnes à qui ces manières ne sont point nécessaires pour leur inspirer ce qu'elles doivent, mais il faut se conformer au plus grand nombre, qui est toujours le plus défectueux.

Saluez donc vos supérieurs, ne les disputez jamais avec opiniâtreté, n'usez point avec eux de termes trop libres, ne décidez point devant eux, et pour sanctifier les pratiques, faites-les en esprit de foi, regardant Notre-Seigneur dans leur personne; cette vue-là en ôtera l'air des cérémonies mondaines, et y mettra la simplicité, l'honnêteté, la liberté et le respect filial et cordial que vous devez avoir pour ceux qui vous gouvernent. Voilà répondre à tous les articles de votre lettre.

Quant à vos besoins particuliers, il me semble que vous n'avez qu'à continuer à vouloir avancer; vous comprenez très bien la beauté et l'importance de votre institut, l'honneur que Dieu vous a fait de vous appeler à un si grand ouvrage, les talents qu'il vous a donnés pour y réussir, le compte que vous lui rendrez si, au lieu de les employer pour lui, vous vous étiez occupée de votre plaisir et de celui des autres; que votre esprit vous est donné pour vous bien acquitter de vos emplois; que votre santé

vous met en état d'être l'exemple de la régularité ;
que votre joie doit contribuer à la joie de toutes
vos sœurs ; que votre raison doit éclairer celle des
autres ; que l'amitié que vous inspirez aux autres
doit être employée à insinuer ce que les supérieures
désirent pour le bien de votre maison, et qu'enfin
tout ce que vous avez reçu de Dieu doit lui retourner
ou au trentième, ou au soixantième, et peut-être
au centième.

XIV

DU ZÈLE QU'UNE RELIGIEUSE ENSEIGNANTE DOIT APPORTER A SES DEVOIRS PROFESSIONNELS.

Je crois qu'une religieuse qui voudrait faire des
prières extraordinaires, qui déroberait pour cela
tout ce qu'elle pourrait sur sa classe, au lieu de
ménager du temps pour en employer davantage
auprès des enfants, qui s'estimerait heureuse et
bien dévote d'avoir su gagner quelques petits quarts
d'heure de lecture ou d'oraison, ne serait pas, à
beaucoup près, si agréable à Dieu que celle qui,
pour lui plaire, et s'acquitter le plus qu'elle peut
de son vœu, donne tout son temps libre à ses
élèves.

Je sais bien qu'on aime les classes, que vous êtes

ponctuelles à y aller dans les temps marqués; mais je crois qu'il y en a quelques-unes qui le sont encore plus à en sortir; que l'on donne aux classes ce qui est absolument nécessaire, et que l'on serait bien fâchée d'en donner davantage ou d'y aller un peu plus tôt qu'il ne faut.

Il est encore à craindre que ce ne soit pas toujours la piété qui excite à faire des prières extraordinaires, mais l'amour du repos. On se trouve bien à l'oraison, parce qu'on se délasse, qu'on cesse de penser à des choses désagréables et ennuyantes, qu'on n'a point le bruit des enfants, ni la conversation des grandes, ni les contraintes qu'il faut avoir auprès d'elles sans s'en apercevoir; on y cherche sa consolation; l'amour-propre s'en nourrit; on est quelquefois plus satisfait d'un quart d'heure de prière qu'on a faite en particulier que de toutes celles qui se font avec les autres. Supposons même qu'on ne cherche qu'à servir Dieu, si l'amour qu'on a pour l'oraison fait aller à l'église dans les temps où la règle en donne la liberté, comme les dimanches et fêtes, le zèle des classes ne doit-il pas faire faire la même chose? Vous devriez plutôt être portées à y aller trop souvent qu'à vous en retirer volontiers. Quand on aime Dieu, on est ravi de faire quelque chose pour lui plaire, et on n'y regarde pas de si près pour ne rien faire de trop. Les personnes charitables qui ont du bien ne se contentent pas de donner à un pauvre seulement pour l'empêcher de mourir; on lui donne largement et au delà de ce qui serait absolument nécessaire.

Vous verrez un jour ce que vous deviez à vos classes, c'est sur quoi Dieu vous jugera. Une Carmélite qui, au lieu de s'appliquer à l'oraison, voudrait aller au parloir instruire la jeunesse, serait fort en danger de son salut; elle ferait une œuvre excellente en elle-même, mais je suis assurée que cette bonne œuvre ne la conduirait pas au ciel, parce qu'elle n'est pas pour elle dans l'ordre de Dieu. Je dis la même chose d'une religieuse qui n'irait pas volontiers aux classes, ou qui les quitterait pour aller méditer; la fin de votre établissement est l'éducation, comme celle des Bernardines est de chanter les louanges de Dieu et celle des Hospitalières de servir les malades. Si vous compreniez l'excellence de votre œuvre, et combien vous plaisez à Dieu quand vous vous appliquez à inspirer la piété à vos enfants, que vous leur donnez une bonne maxime, que vous leur ôtez l'occasion de faire ou de dire du mal en demeurant avec elles et les amusant innocemment; car tout est bon quand il est fait dans la vue de glorifier Dieu, d'empêcher qu'il ne soit offensé, ou pour l'utilité du prochain; si, dis-je, vous étiez bien persuadées de ces avantages, vous iriez plus aux classes que l'on ne voudrait, et il faudrait vous retenir.

Je ne désapprouve cependant pas le goût que vous avez pour la prière; au contraire, car votre vie doit être une oraison continuelle; il faut que vous viviez de Dieu, que vous marchiez en sa présence et que vous l'ayez en vue dans toute votre conduite, sans cela vous vous lasseriez et ne pourriez vous soutenir; mais je trouve qu'il n'y a point de charge plus propre à ce recueillement continuel que vos classes; tout vous y porte ou vous y appelle : vous y faites de saintes instructions, vous y entendez des lectures pieuses, on y chante des psaumes et des cantiques, on y garde le silence ; tout cela éloigne-t-il bien de Dieu? Quand saint Paul a dit : « Priez sans cesse, » il n'a pas prétendu qu'on soit tout le jour à l'église, parce qu'il parlait à des chrétiens de toutes sortes de professions dans lesquelles il voulait qu'ils demeurassent ; il expliqua aussi de quelle manière on le doit entendre en disant : « Soit que vous buviez, soit que vous mangiez, ou fassiez autre chose, faites tout au nom du Seigneur. »

C'est une erreur de croire que la vie intérieure ne consiste qu'à prier : elle consiste de plus à remplir les devoirs de son état et à travailler dans la vue de plaire à Dieu. Croyez-vous que dans le monde nous ne connaissions point la vie intérieure, et que, parce que nous ne sommes point religieuses, nous ne puissions y parvenir (1) ?

(1) « Vous vous trompez, nous sommes souvent plus droites que vous dans notre piété. M. le duc de Beauvillier *, dont je vous ai parlé bien des fois, entend tous les jours une petite messe de grand matin; quand il y communie, il fait une courte action de grâces; il va ensuite au conseil, où il demeure jusqu'à une heure après midi, et il ne pense point à le quitter pour aller prier, parce qu'il est persuadé qu'il plaît à Dieu en écoutant parler des affaires de l'Etat; je le crois aussi intérieur que vous autres.

« Puis regardant en souriant la supérieure, Mme de Maintenon lui dit : Si vous leur donniez la liberté de faire ce qu'elles voudraient, on les verrait toutes aller chercher des petits coins pour prier, et je craindrais bien qu'il n'y en allât guère aux classes, excepté quelques-unes, que je sais qui

* L'un des plus sages hommes de ma cour et de mon royaume. » disait Louis XIV en 1670. Il fut gouverneur du duc de Bourgogne, ministre d'Etat et chef du conseil des finances. (Voir les *Mémoires* de *Saint-Simon*.)

XV

QUE LA COMMUNAUTÉ NE DOIT AVOIR AUCUN RAPPORT AVEC LES ENFANTS (1).

1. Vous êtes instruites sur tout, mes chères filles, il me semble que je n'ai plus à vous parler

les aiment beaucoup et qui sont toujours prêtes d'y voler dans tous les moments qu'elles le peuvent.

« Mme de F..., qui était assistante, dit que depuis deux jours elle avait passé quelques heures à une classe à la place des maîtresses que la mère supérieure avait assemblées; que le temps s'était passé à chanter et à garder le silence, parce qu'elle n'avait osé s'avancer de leur faire l'instruction, n'étant que suppléante; que trois heures lui avaient paru fort courtes, tant elle y avait trouvé du plaisir, et qu'elle y avait bien pensé à Dieu. Mme de Maintenon lui répondit en riant : « C'est que vous n'êtes pas dévote; celles qui le sont ne s'y seraient peut-être pas si bien trouvées. » Sur cela Mme de B... la fit ressouvenir qu'il y avait longtemps que, parlant à la communauté sur le même sujet, elle avait dit qu'il ne fallait pas recevoir des novices plus dévotes que Mme de F.... « Je le dis encore, dit Mme de Maintenon, ce serait bien assez; » ajoutant : « Vous ne devez recevoir aucune fille à la profession qui n'ait une inclination particulière pour les classes, et qui ne s'y porte avec une grande ardeur. Une novice qui n'aimerait pas tout ce qu'on y fait, ou qui s'y donnerait avec peine, marquerait assez qu'elle n'a pas de vocation pour cet état, comme une fille pleine de répugnance pour les malades n'en aurait pas pour les Hospitalières. »   (*Entretien.*)

(1) Il s'agissait d'une communauté nombreuse, dont quelques membres seulement étaient affectés au service des enfants, tandis que les autres s'adonnaient aux exercices et aux observances de la vie religieuse. Mme de Maintenon, très expérimentée en toutes choses, qui avait une sorte de mission et des grâces d'état pour diriger cette maison, voulait avec raison que la communauté fût séparée du pensionnat.

que sur les enfants ; je tâcherai donc de traiter ici l'éloignement dans lequel la communauté doit vivre à leur égard, et la conduite que doivent tenir celles qui sont chargées de leur éducation.

2. On vous a assez expliqué de fois que les religieuses qui ne sont pas employées aux classes s'acquittent du vœu d'instruire les enfants comme celles qui gouvernent, puisqu'elles leur rendent toutes sortes de services ; celui de les édifier ne sera pas le moindre.

3. Qu'on ne s'informe point aux classes comment les filles sont gouvernées ; que la communauté vive dans une entière séparation d'avec les élèves, et si les particulières y ont quelques proches parents, qu'elles les abandonnent au gouvernement de la maison et qu'elles ne s'en mettent point en peine ; qu'elles ne s'informent point de leur éducation, et qu'elles attendent en paix ce que la supérieure voudra leur en dire ; vous avez renoncé au monde et à vos familles : voudriez-vous les reprendre pour vous troubler et pour troubler un ordre si nécessaire à établir parmi vous ?

4. Ces maximes paraissent dures, mais elles feront pourtant votre paix. On vous défend les communications entre vous, qui êtes toutes à Dieu : comment pourrait-on vous en permettre avec des jeunes personnes qui retournent au monde ?

5. Les Ursulines, qui sont destinées à l'éducation des filles, n'ont aucun commerce avec elles quand elles ne sont pas aux classes ; si quelques couvents n'observent pas cette règle, c'est qu'ils ne sont pas réguliers ou que la pauvreté ou la disposition du bâtiment les met à même de se relâcher.

6. Si elles ont jugé cette conduite nécessaire, quoiqu'elles ne gardent point des filles au-dessus de seize ans et qu'elles n'en aient qu'un petit nombre, voyez ce que vous devez faire, vous qui les avez jusqu'à vingt, qui est l'âge où elles sont plus difficiles à contenir.

7. Si vous ne comprenez ce danger, si vous ne l'évitez avec fidélité, il y aura des désordres qui perdront votre maison au dedans, et scandaliseront au dehors.

8. Vous avez déjà fait des expériences qui vous en ont fait voir les conséquences, et combien les procédés les plus innocents ont été susceptibles des plus mauvaises interprétations.

9. Vous ne trouverez de sûreté que dans l'éloignement entier que je vous demande. Ne les voyez que dans les lieux où vous ne pouvez pas les éviter ; ne leur dites pas un mot, ne leur faites rien dire de particulier ; s'il y a des honnêtetés à leur faire sur une maladie, sur une affliction, sur un bonheur, etc., que ce soit la communauté en général qui les assure de la part qu'elle y prend, sans que jamais elles croient être plus aimées les unes que les autres.

10. Mes chères filles, rien n'est plus important pour vous empêcher de trouver votre perte dans ce qui doit faire votre joie et votre couronne dans le ciel.

11. Mes inclinations sont tout opposées à la sévérité de ces maximes ; mais mon expérience m'a instruite ; je vous conjure d'en profiter.

12. Si la séparation du général de la communauté est d'une nécessité absolue, la conduite des maîtresses n'est pas moins importante.

13. Votre grande et unique affaire, après celle de votre salut, est le gouvernement des enfants; vous avez besoin pour y réussir, d'avoir des maximes fermes, droites et uniformes, dont vous ne vous départiez jamais. L'esprit de votre institut vous marque de travailler à rendre les enfants vraiment chrétiennes et de les accoutumer à une vie frugale et laborieuse; je ne vous en dirai rien ici; mon dessein n'est que de vous marquer les moyens que vous devez prendre pour les conduire.

14. L'intelligence entre les maîtresses est ce qui peut le plus y contribuer; il faut vouloir les mêmes choses; il ne faut vouloir ni aimer, ni être aimées; il faut soutenir la conduite les unes des autres; il faut ne se pas mettre à portée qu'on ose s'en plaindre; il faut ne point suivre ses inclinations particulières pour les enfants ni souffrir celles qu'elles pourraient avoir pour nous; il faut enfin ne vouloir que leur salut et l'édification de la maison, qui s'étendra sur toute la France.

15. Il faut un concert de bonne foi entre toutes les maîtresses, qui ne se démente jamais, qui fasse voir aux élèves qu'il est indifférent à qui elles s'adressent, puisque tout ce qu'elles disent revient à toutes les maîtresses, et qu'on ne peut avoir ni mystères ni confidences avec aucune qui ne soient connus de toutes.

16. Qu'il est même inutile de s'adresser à la maîtresse générale, puisqu'elle revient examiner ce qui lui a été dit avec la première maîtresse de la classe; que la supérieure même tient cette conduite, et que quelque tour qu'elles prennent, elles voient qu'elles sont gouvernées par un seul esprit et par des

personnes si unies que rien ne peut les séparer.

17. Il n'y a que cette union, mes chères filles, qui puisse vous rendre assez fortes pour vous soutenir contre les enfants.

18. J'excepte de cette règle certaines confidences qu'elles pourraient avoir à faire sur leur conscience, qui obligent au secret quand ce sont des choses passagères, car si elles doivent avoir des suites, je crois qu'il faudrait prendre des mesures avec la première maîtresse et les supérieures.

19. Les maîtresses subalternes ne doivent point recevoir de ces confidences : il faut les renvoyer à la première maîtresse, ou à la maîtresse générale, ou aux confesseurs et supérieurs; le nombre en est assez grand pour que ce ne soit pas gêner les consciences.

20. Gouvernez avec douceur, fermeté et gravité ; ne vous familiarisez point, supprimez même avec les plus petites ces caresses indignes de votre profession, et qui les amollissent et accoutument à ce qui serait si dangereux dans la suite. L'amour-propre et la mollesse sont les écueils de notre sexe; penchez plutôt à un peu trop de réserve; qu'elles aient cette conduite les unes avec les autres, quelque proches parentes qu'elles soient : les caresses ne peuvent être bonnes et sont presque toujours mauvaises. Ne les louez jamais d'être flatteuses; inspirez-leur une vertu plus courageuse, mais accompagnée de charité et d'humilité.

21. Conservez précieusement cette droiture, déjà établie chez vous sur l'égalité des traitements que vous faites aux enfants. Si vous avez quelque préférence à faire, que ce soit pour celle qui aurait le

moins de ressources d'ailleurs, si elle se trouve par
elle-même propre à remplir la place qui se présen-
terait.

XVI

SUR LE GOUVERNEMENT D'UNE MAISON : TOUT DOIT TENDRE
AU BUT DE L'INSTITUT QUI EST L'ÉDUCATION DE LA JEU-
NESSE ; DU TRAVAIL MANUEL ET DANS QUELLE MESURE
IL FAUT L'IMPOSER AUX ENFANTS.

Ce que je vais vous dire, je l'ai redit tant de fois
que j'en ai souvent importuné.

On se trompera toujours quand on voudra conduire une communauté selon les idées d'un ménage
particulier : il faut se contenter chez vous d'un grand
ordre et de ne rien perdre. Il faut que les petites
vues cèdent aux grandes, et sacrifier de petits intérêts à la paix, à l'union, au repos, à l'éducation qui
est la fin de notre institut.

Vous êtes religieuses, vous aspirez à la perfection, vous avez voué d'élever et d'instruire toute
votre vie, voilà un assez grand ouvrage.

Pour remplir de si grands desseins, il faut travailler sans cesse, mais sans trop d'empressement ;
mettez-vous donc à l'aise et en repos, et ne vous agi-
tez point de soins temporels jusqu'à vous troubler.

Possédez-vous dans la présence de Dieu, pratiquez toutes sortes de vertus, veillez sur vos filles, priez pour elles, attaquez doucement et continuellement leurs défauts, et encore plus leurs vices si elles en avaient; n'oubliez rien pour former Jésus-Christ en elles et pour les rendre raisonnables.

Que toutes les instructions, les conversations, les réprimandes, les punitions, les récompenses, les complaisances, les relâchements soient employés pour les rendre vertueuses, de bonnes mœurs, modestes, discrètes, silencieuses, secrètes, bonnes, justes, généreuses, aimant l'honneur, la fidélité, la probité, faisant plaisir dans ce qu'elles peuvent, ne fâchant personne, portant partout la paix, ne désunissant jamais, ne redisant que ce qui peut plaire et adoucir. Treize ans ne sont point trop longs, mes chères filles, pour les instruire, et les former à tant de bonnes choses; voudriez-vous renoncer à ce noble travail pour vous inquiéter et les inquiéter sur un ouvrage un peu plus tôt fait?

Il faut que vos enfants travaillent à tout ce qui se fait dans la maison; mais tout ce que je viens de marquer est le plus pressé. Mettez-vous en repos dans toutes vos charges, ne donnez pas un moment à la lâcheté, à l'oisiveté, ne quittez pas vos emplois pour une prière que Dieu ne vous demande point; mais quand, après cela, votre ouvrage ne sera pas achevé, n'en ayez pas la moindre peine, vous le reprendrez le lendemain ou d'autres le feront. Tâchez d'inspirer aux enfants le goût de l'ouvrage, il leur est absolument nécessaire; mais vous y réussirez mieux en les divertissant qu'en les fatiguant trop.

Vous faites très bien de vous servir des enfants

et de les mettre à tout; mais il faut que ce soit dans le besoin, et il ne faut pas compter pour un véritable besoin l'envie que vous aurez de faire quelques misérables épargnes. Par exemple, vous faites balayer les élèves des années de suite pour soulager l'infirmité de leur sœur converse : rien ne serait plus raisonnable que de lui donner ce secours de temps en temps; il ne l'est pas qu'elles le fassent toujours. Les élèves peuvent aider aux dames de la sacristie, aux sœurs converses, mais non pas être seules chargées de l'ouvrage.

Il est certain qu'il faut les mettre à tout, il est certain aussi qu'elles ne doivent pas trop travailler, ni être souvent tirées de leurs classes.

Qui trouvera ce milieu? la supérieure aidée et avertie par le conseil; mais vous devez garder une règle qui vous guidera, c'est de ne rien exiger d'elles que vous ne fassiez vous-mêmes. Vous voulez qu'elles balayent, balayez aussi; vous voulez qu'elles veillent les malades, veillez comme elles, c'est-à-dire une religieuse avec plusieurs élèves, quand cela est nécessaire; vous voulez retrancher leur nourriture, retranchez la vôtre; vous voulez qu'on ait moins de linge blanc, ayez-en moins, mais ne retranchez jamais ni pour vous ni pour elles que dans des cas très extraordinaires, car on ne vous a marqué que le nécessaire; mais encore une fois, ne les souffrez point mal nourries quand vous le serez bien, ni mal vêtues quand vous serez très propres.

Je sais ce qui est dû à la profession et à la gravité religieuse, mais je sais aussi que vous avez fait vœu de pauvreté; tout s'accommodera quand on le voudra. Vous avez grand besoin d'une supérieure affectionnée et zélée pour l'Institut; que le conseil pense de même, et que la maîtresse générale soit l'avocate des enfants, car on sera toujours tenté de retrancher sur elles, parce que le grand nombre fait que le moindre retranchement est considérable.

On sera de même tenté de les faire trop travailler pour épargner, mais on ne le peut sans prendre sur leur éducation. qui est un ouvrage de persévérance. Huit jours passés sans leur parler ne paraissent point y avoir nui ; il est pourtant vrai que ce mal est réel, quoique invisible, et qu'il faut prendre le moins qu'on peut sur les maîtresses des classes et sur les filles.

Il est impossible que de temps en temps on ne fasse des fautes : les maîtresses des classes changent; les esprits sont différents; il y en a de plus portées les unes que les autres à innover. Il faut que la supérieure tienne la balance et entre dans la conduite des classes, non pour tourmenter et troubler les premières maîtresses, mais pour juger des choses qu'elles doivent laisser à leur disposition et de celles qu'elle doit décider. Il faut que je marque ici que mon intention n'a jamais été que la supérieure ne se mêlât point des classes; j'ai dit cent fois qu'il ne faut pas se mêler des charges les unes des autres et qu'il faut laisser chacune en repos dans la sienne, mais cela ne peut regarder la supérieure qui doit tout gouverner, tout conduire et tout savoir. Je ne puis trop conjurer mes chères filles de ne se point troubler les unes les autres en blâmant ce qui se fait; toutes les plaintes doivent être portées à la supérieure; mais du reste, il ne faut point trouver les enfants mal habillées, mal nourries, mal élevées, etc., parce que vous contristez vos sœurs, quelque vertu qu'elles aient. Quand les enfants montent d'une classe à l'autre, il ne faut point s'en plaindre, mais les recevoir toutes également; j'ai vu faire de grandes fautes là-dessus.

XVII

A UNE SUPÉRIEURE; SUR LA FIDÉLITÉ A S'ACQUITTER DE SES DEVOIRS PROFESSIONNELS.

Les classes sont votre principale affaire, c'est votre institut, c'est la fin de votre fondation. Ne vous lassez jamais de prêcher vos sœurs sur la vigilance à la garde et à l'éducation de vos enfants. N'ajoutez point règles sur règles, vous en avez assez; mais les maîtresses ne les lisent pas assez. Attaquez incessamment cette chicane que les Religieuses font sur leur temps : elles vont contre la volonté de Dieu, l'intention de leurs instituteurs et fondateurs, contre la charité qu'elles doivent aux enfants quand elles les quittent dans les temps que leur règle ne les envoie pas à l'église. Cette faim de la prière n'est qu'amour-propre qui veut se savoir gré de quelque chose et qui ne compte pour rien ce qui est de la règle. Comment enseigneront-elles aux enfants que la charité doit être exercée selon l'état de chacune, si elles manquent elles-mêmes à la dévotion de leur état qui est le soin des élèves? Une vraie religieuse devrait ménager tous les moments qui lui seraient possibles pour aller aux classes même aux heures où l'on n'y est pas obligé; et nos filles croient être agréables à Dieu en allant faire une demi-heure d'oraison qu'on ne leur demande point, et en quittant l'emploi du temps selon ce qu'il leur demande et selon leurs vœux. Je ne finirais pas sur ce chapitre, ma chère fille; ne vous y rendez jamais, je vous en conjure : c'est à vous à faire observer les règles, et quand vous serez une particulière, donnez l'exemple pour la fidélité aux classes.

Il vous faut de la droiture et du discernement pour bien appliquer les divers avis que je vous ai donnés sur vos enfants. Combien de maîtresses, par exemple, qui se préviennent! Combien qui s'effrayent de rien! Combien peu qui savent distinguer ce qui est de conséquence ou ce qui n'en est pas! Combien d'exagérations si en usage parmi vous! Quels écrits pourront remédier à cela? Je ne cesse de vous dire que tout dépendra de votre droiture. C'est cette droiture qui vous fera mettre dans les charges principales les sujets les plus capables de les remplir, sans compter vos inclinations, vos répugnances, votre commodité.

Exhortez les maîtresses des classes à instruire les élèves sur les obligations du mariage et sur la piété convenable aux gens du monde. On ne parle jamais chez vous que de couvents, et Dieu n'y veut pas tout le monde.

On ne peut trop prêcher aux enfants qu'il ne

faut pas aller dans les déserts, mais servir Dieu
dans son état, par la prière et la pratique des vertus.

XVIII

SUR LE BON USAGE DES TALENTS; LES EMPLOYER AU BIEN; DE L'AFFECTION DES ÉLÈVES POUR LEURS MAITRESSES.

Je suis continuellement frappée que, comme
nous tenons tout de Dieu, nous devons aussi tout
lui rapporter. Je suis persuadée qu'il ne fait rien
en vain; il a dessein que tout serve à sa gloire et à
notre salut; ainsi il faut faire valoir tout ce qu'on
a reçu de lui, l'esprit, le savoir, le crédit, l'autorité; c'est ce « talent » du quel on rendra compte
et qu'il faut faire profiter au double; c'est ce grain
qui doit rapporter ou au trentième ou au soixantième, ou même au centième.

Je ne puis croire que Dieu donne aucun avantage à personne pour son seul plaisir; qu'une fille,
par exemple, à qui il a donné de l'agrément, de
l'esprit, ou même, sans beaucoup d'esprit un certain air de plaire et de se faire aimer, qui fait le
plaisir des autres dans la conversation, je ne crois
pas, dis-je, que cette personne ait reçu rien de tout

cela simplement pour être aimée. Dieu veut que par son esprit, ses manières engageantes et ses complaisances, elle contribue à inspirer la vertu à celles qui la goûtent, et à les détourner du mal. J'en dis de même de tous les avantages naturels ou acquis.

Je ne fais nul cas des inclinations des enfants pour les maîtresses, quand les maîtresses sont sages, et cette attention ne me ferait pas faire le moindre dérangement. Il faut leur apprendre à aimer raisonnablement, comme on leur apprend autre chose. J'ai aimé ma maîtresse jusqu'à lui écrire toutes les semaines tant qu'elle a vécu, ce qui a duré douze ou quinze ans, et j'étais dans le grand monde : cela n'est que l'effet d'un bon cœur. Tout consiste dans la sagesse des maîtresses ; avec cela, tout ira bien ; sans cela, nous avons beau faire des règles, nous ne ferons rien qui vaille.

Néanmoins, vous ne pouvez ignorer ce que je pense sur vous, et ce que je vous ai toujours reproché, qui est la grande tendresse de votre cœur qui veut aimer et être aimé réciproquement : c'est une inclination bien douce, mais bien dangereuse, surtout dans une maison comme la nôtre, si elle n'est toute pour Dieu.

Vous êtes portées à aimer ; mais ce penchant ne vous a été donné, encore une fois, que pour le tourner tout entier du côté de l'amour de Dieu, et non pas de celui des créatures ; il ne se faut attacher qu'à lui, et non pas à aucun autre ; rien ne serait si dangereux dans une religieuse, et surtout en vous, Dieu vous ayant donné des manières toutes propres à vous faire aimer, que de porter ce penchant et cette inclination dans les classes, les enfants n'étant déjà que trop sujets à s'attacher, et quelquefois jusqu'à la passion.

Ne faites donc jamais rien, je vous en conjure, pour vous faire aimer; mais tenez-vous à l'égard de celles que vous aimez naturellement plus que les autres dans une grande réserve. J'espère que si vous pouvez une fois gagner sur vous de devenir fermes, courageuses, et de vous raidir contre votre naturel tendre et complaisant, en le tournant tout entier vers Dieu, j'espère, dis-je, qu'il se servira de vous pour le glorifier beaucoup dans cette maison.

DEUXIÈME PARTIE

~~~~~~~~

ÉDUCATION, ENSEIGNEMENT
PÉDAGOGIE

~~~~~~~~

PROGRAMME D'ÉDUCATION CHRÉTIENNE.

L'éducation est chrétienne, raisonnable et simple.

On instruit les enfants de la religion et on tâche
de leur inspirer une piété solide, accommodée aux
différents états où il plaira à Dieu de les appeler.

On les élève en séculières, bonnes chrétiennes,
sans exiger d'elles les pratiques *religieuses* (1).

On leur donne une grande estime pour le catéchisme.

On leur inspire un grand respect pour le Saint-

____

(1) C'est-à-dire les pratiques de la vie religieuse.

Siège, pour les évêques et pour tous les ministres de Jésus-Christ.

On leur enseigne qu'il n'y a rien de si important sur la terre que la réception des sacrements.

On leur inspire particulièrement l'horreur du péché, la pratique de la présence de Dieu, la docilité et une grande modestie.

On leur forme autant qu'on le peut une conscience simple, droite et ouverte (1).

Elles ne lisent de l'Écriture sainte que le Nouveau Testament.

On les réduit à un très petit nombre de livres.

(1) Mᵐᵉ de Maintenon revient souvent dans ses avis et instructions aux maîtresses sur ce point essentiel qui constitue en quelque sorte la note caractéristique de l'éducation qu'elle voulait donner aux jeunes filles. Voici un commentaire intéressant de son programme d'éducation :

« Je voudrais qu'on leur inspirât une conscience droite, simple et ouverte; qu'il ne faut point être curieux, et se borner à un petit nombre de livres; que toute piété consiste dans l'observance des commandements et la pratique des vertus. Leur faire aimer le silence et le travail. Chercher des inventions ou quelque intérêt pour leur donner le goût du travail. Expliquer ce qu'on leur dit; les rendre simples à tout dire, en ne les grondant jamais. Réjouir leur éducation. Diversifier leurs instructions. Reprendre continuellement et doucement. Regarder les classes comme le principal de la maison; que la supérieure soit ingénieuse à faire des distinctions qui mettent l'émulation dans les classes. Qu'on peut se servir de petites inventions pour mettre cette émulation, mais qu'il faut pourtant se garder des distinctions qui élèvent trop les unes et qui découragent trop les autres. Qu'on leur apprenne à parler français, mais simplement. Qu'elles écrivent de même. Qu'on leur parle chrétiennement et toujours raisonnablement. Qu'on égaye souvent leurs instructions et qu'on ne leur en fasse pas de trop longues. Qu'on les élève en séculières, bonnes chrétiennes, sans exiger d'elles des pratiques religieuses, comme de n'oser lever les yeux. Qu'on les aime toutes également. »

On évite tout ce qui pourrait trop exciter leur esprit et leur curiosité.

On veut qu'elles parlent et écrivent simplement.

On ne leur laisse ni lettres, ni manuscrits, ni bons, ni mauvais.

On fait tout ce qu'on peut pour les rendre silencieuses et laborieuses.

On leur inspire l'horreur du monde sans vouloir les contraindre à être religieuses; mais on leur explique les avantages de cette condition.

On les instruit des devoirs des femmes du monde et de tous les états où elles pourront se trouver.

Elles sont toutes traitées également et il n'y en a pas une de négligée.

On ne les distingue que par la sagesse, sans égard au plus ou moins de naissance, ni aux protections qu'elles pourraient avoir, ni aux agréments naturels.

On les rend simples et ingénues à tout dire, en les reprenant avec raison et douceur.

On essaye toujours de la douceur avant de venir à la rigueur.

On diversifie leurs instructions ; on les fait courtes parce qu'elles sont fréquentes ; on les égaye souvent.

On se sert de tout jusque dans les jeux pour former leur raison.

On tâche de les rendre franches, simples, généreuses, sans finesse, sans mystère, sans respect humain, voulant bien que toutes voient que celles qui sont chargées des autres avertissent les maîtresses de tout.

II

PRINCIPES GÉNÉRAUX D'ÉDUCATION; BIEN CONNAITRE LES
ENFANTS ; S'APPLIQUER DE BONNE HEURE A FORMER
LEUR RAISON AVANT QUE D'ORNER LEUR ESPRIT.

Dieu ayant voulu se servir de moi pour contribuer à l'éducation des enfants, je crois devoir
communiquer aux personnes qui sont destinées à
les élever ce que mon expérience m'a appris sur
les moyens de leur donner une bonne éducation.
C'est assurément une des plus grandes austérités
que l'on puisse pratiquer, puisqu'il n'y en a guère
qui n'aient quelque relâche, et que, dans l'instruction des enfants, il faut y employer toute la vie.

Quand on veut seulement orner leur mémoire, il
suffit de les instruire quelques heures par jour, et
ce serait même une grande imprudence de les
accabler plus longtemps; mais quand on veut former leur raison, exciter leur cœur, élever leur
esprit, détruire leurs mauvaises inclinations, en
un mot, leur faire connaître et aimer la vertu, on a
toujours à travailler, et il s'en présente à tous
moments des occasions. On leur est aussi nécessaire dans leurs divertissements que dans leurs
leçons, et on ne les quitte jamais qu'elles n'en
reçoivent quelque dommage.

Il est besoin, dans cet emploi plus que dans
aucun autre, de s'oublier entièrement soi-même,
ou au moins, si l'on s'y propose quelque gloire, il

n'en faut attendre qu'après le succès, et cependant se servir des moyens les plus simples pour y parvenir. Quand je dis qu'il faut s'oublier soi-même, c'est qu'il ne faut songer qu'à se faire entendre et à persuader; il faut abandonner l'éloquence, qui pourrait attirer l'admiration des auditeurs; il faut même badiner avec les enfants dans de certaines occasions et s'en faire aimer, pour acquérir sur eux un pouvoir dont ils puissent profiter. Mais il ne faut pas se méprendre sur les moyens dont on doit se servir pour se faire aimer; il n'y a que les moyens raisonnables qui réussissent, et il n'y a que les intentions droites qui attirent la bénédiction de Dieu.

On doit moins songer à orner leur esprit qu'à former leur raison; cette méthode, à la vérité, fait moins paraître le savoir et l'habileté des maîtresses; une jeune fille qui sait mille choses par cœur brille plus en compagnie et satisfait plus ses proches que celle dont on a pris soin seulement de former le jugement, qui sait se taire, qui est modeste et retenue, et qui ne paraît jamais pressée de montrer son esprit.

Il est bon de les accoutumer à ne voir jamais rien accorder à leur importunité. Il faut être implacable sur les vices et les punir ou par la honte ou par des châtiments, qu'il faut faire très rigoureux, et le plus rarement que l'on peut.

Il faut étudier leurs inclinations, observer leur humeur et suivre leurs petits démêlés, pour les former sur tout; car l'expérience ne fait que trop voir combien l'on fait de fautes sans les connaître, et combien de personnes sont tombées dans le

6

crime sans être nées plus méchantes que d'autres, qui ont vécu innocemment.

Il faut se faire estimer des enfants, et le seul moyen pour y parvenir est de ne leur point montrer de défauts, car on ne saurait croire combien ils sont éclairés pour les démêler; cette étude de leur paraître parfaite est d'une grande utilité pour soi-même.

Il ne faut jamais les gronder par humeur, ni leur donner lieu de croire qu'il y a des temps plus favorables les uns que les autres pour obtenir ce qu'ils désirent.

Il faut caresser les bons naturels, être sévère avec les mauvais, mais jamais rude avec aucun.

Il faut, par des complaisances, leur faire aimer la présence de leurs maîtresses, et qu'ils fassent devant elles les mêmes choses que s'ils étaient abandonnés à eux-mêmes.

Il faut entrer dans les divertissements des enfants, mais il ne faut jamais s'accommoder à eux par un langage enfantin, ni par des manières puériles; on doit, au contraire, les élever à soi en leur parlant raisonnablement; en un mot, comme on ne peut être ni trop, ni trop tôt raisonnable, il faudrait accoutumer les enfants à la raison dès qu'ils peuvent entendre et parler, et d'autant plus qu'elle ne s'oppose pas aux plaisirs honnêtes qu'on doit leur permettre.

Les agréments extérieurs, la connaissance des langues étrangères, et mille autres talents dont on veut que les filles de qualité soient ornées, ont leurs inconvénients pour elles-mêmes; car ces soins prennent un temps qu'on pourrait employer plus utilement.

Ne faire jamais aux enfants d'histoires dont il faille les désabuser quand elles ont de la raison, mais leur donner le vrai comme vrai, le faux comme faux.

Ne leur faire jamais peur que du péché, et encore par des raisons solides, et non par des inventions qui remplissent leurs têtes de fausses idées.

Il ne faut être partiale que pour le mérite et la vertu, en sorte qu'on ne connaisse que celles qu'on favorise et qu'on aime le mieux, c'est parce qu'elles sont les plus sages.

Ne laisser rien apprendre par cœur qui ne soit excellent; donner de grandes et solides idées de religion aux jeunes filles qui sont capables de les concevoir.

Leur soulager l'obéissance en leur rendant raison de tout ce qu'on leur refuse, quand la chose d'elle-même paraît faisable.

Avoir beaucoup de complaisance pour tout ce que l'on peut accorder sans blesser la règle.

Leur faire aimer la vertu en la leur montrant par ce qu'elle a de plus attirant pour elles.

Se ménager de telle sorte, dans son autorité, que la crainte n'empêche pas la liberté de l'esprit des enfants dans les temps de récréation.

Leur former tout doucement les sentiments du cœur par beaucoup de mépris pour la lâcheté et pour la bassesse.

Les faire juger d'un événement, leur donner de certains choix qui puissent faire connaître ce qu'elles pensent et ce qu'elles conçoivent, comme, par exemple : lequel aimeriez-vous mieux d'être reine avec tous les avantages qui accompagnent cet état, mais sans aucune des qualités nécessaires à la royauté, ou être pauvre sans biens, privée de tous les plaisirs du monde, mais ayant d'ailleurs de la sagesse, de l'esprit et de la vertu, etc.? Et ensuite les faire convenir, quand elles choisissent ce dernier, qu'il faut que le mérite soit d'un grand prix, puisqu'on le préfère à tout ce qui charme et qui éblouit dans le monde, et les exciter par là à l'amour de la vertu et à la correction de leurs défauts.

Il ne faut point forcer l'esprit des enfants ni s'opiniâtrer à les rendre toutes des merveilles, car il est impossible que dans un si grand nombre il n'y en ait pas d'un médiocre génie; mais il ne faut semer et insinuer que ce qui est bon, et laisser le succès à la Providence. Il est impossible que les filles qui ne voient dans leur jeunesse que de bons exemples, et qui n'entendent que de bonnes paroles, ne deviennent avec le temps tout ce qu'elles peuvent être, du plus au moins. Ainsi il faut se réjouir de celles qui font des progrès, et espérer pour les autres qu'elles en feront ou qu'elles sont capables d'en faire.

Il faut éviter de donner de la jalousie, mais il faut donner de l'émulation, en louant et récompensant beaucoup celles qui en sont dignes devant celles qui en sont indignes.

Il ne faut jamais excuser les défauts de celles qu'on conduit, en leur présence, quand la supérieure les reprend; c'est une mollesse qui gâte l'éducation et qui fait croire qu'on n'oserait les fâcher, ce qui rend leurs défauts plus hardis et affaiblit l'autorité des maîtresses.

Il ne faut rien promettre aux enfants qu'on ne leur tienne, soit récompense, soit châtiment; ne les point corriger mollement, mais user rarement du fouet; et quand on le donne, le faire craindre pour toujours, afin qu'on ne recommence pas, ce qui doit être onéreux.

Il faut les accoutumer à trouver bon qu'on les reprenne de leurs défauts et à aimer d'en être averties; il ne faut point souffrir celles qui accuseraient par inclination d'accuser.

Il ne faut pas souffrir qu'on traite de rapporteuses celles qui donnent des avis aux maîtresses, mais il ne faut pas que les maîtresses souffrent qu'on leur dise des riens inutiles à corriger ou propres à altérer l'amitié.

Il ne faut jamais chercher à se faire aimer de la jeunesse que par les moyens qui lui sont utiles.

Il ne faut jamais se décourager dans l'éducation : ce qui ne vient pas tôt peut venir tard, mais il se faut armer de beaucoup de patience.

Il faut se souvenir que ce qu'on ne recueille pas sur la terre dans les soins qu'on prend de bien élever les enfants, on le trouvera immanquablement au ciel, si on les instruit en la vue de Dieu.

Il faut prendre garde à un abus que forme quelquefois la trop grande tendresse de conscience : c'est de se mettre en garde pour empêcher que la conduite ne soit cause que les enfants offensent Dieu, comme, par exemple, ne les point interroger sur un fait parce qu'on craint qu'ils ne mentent; ne leur rien commander, parce qu'on se persuade qu'ils désobéiront. Cette maxime est pernicieuse à l'éducation des enfants. Quoique ce soit l'effet d'une bonne cause, il faut en tout avoir l'esprit droit, et songer qu'il est impossible de tuer un monstre bien caché; ainsi il faut, pour connaître les vices et les inclinations de la jeunesse, remuer leurs passions avec discrétion, leur faire la guerre et ne pas craindre leurs vices; leur aider à les surmonter dans un âge où le plus grand péché est de laisser croître les inclinations naissantes du péché (1).

(1) Dans une lettre admirable adressée à la Maîtresse générale des classes, Mme de Maintenon avoue humblement qu'elle s'est trompée dans l'éducation des jeunes filles de Saint-Cyr, et propose de recommencer sur de nouvelles bases. Nous reproduisons les principaux passages de cette lettre où l'on trouve d'excellents conseils pratiques, applicables en tout temps et partout.

« La peine que j'ai sur les filles de Saint-Cyr ne se peut réparer que par le temps et par un changement entier de l'éducation que nous leur avons donnée jusqu'à cette heure; il est bien juste que j'en souffre, puisque j'y ai contribué plus que personne, et je serai bien heureuse si Dieu ne m'en punit pas plus sévèrement. Mon orgueil s'est répandu par toute la maison, et le fond en est si grand qu'il l'emporte même par-dessus mes bonnes intentions. Dieu sait que j'ai voulu établir la vertu à Saint-Cyr, mais j'ai bâti sur le sable. N'ayant point ce qui seul peut faire un fondement solide, j'ai voulu que les filles eussent de l'esprit, qu'on élevât leur cœur, qu'on formât leur raison; j'ai réussi à ce dessein; elles ont de l'esprit, et s'en servent contre nous; elles ont le cœur élevé, et sont plus fières et plus hautaines qu'il ne conviendrait de l'être aux plus grandes princesses; à parler même selon le monde, nous avons formé leur raison, et fait des discoureuses, présomptueuses, curieuses, hardies. C'est ainsi que l'on réussit quand le désir d'exceller nous fait agir. Une éducation simple et chrétienne aurait fait de bonnes filles dont nous aurions fait de bonnes femmes et de bonnes religieuses, et nous avons fait de beaux esprits que nous-mêmes, qui les avons formés, ne pouvons souffrir; voilà notre mal, et auquel j'ai plus de part que personne.

« Venons au remède, car il ne faut pas se décourager; j'en ai déjà proposé qui vous paraîtront peut-être bien petits; mais j'espère, avec la grâce de Dieu, qu'ils ne seront pas sans effet. Comme plusieurs petites choses fomentent

III

CE QUE C'EST QU'UNE SOLIDE ÉDUCATION; NE SOUFFRIR NI RAFFINEMENTS, NI PETITESSES DANS LA PIÉTÉ.

La solide éducation, c'est s'appliquer avant toutes choses et par-dessus toutes choses, à former la

l'orgueil, plusieurs petites choses le détruiront. Nos filles ont été trop considérées *, trop caressées, trop ménagées; il faut les oublier dans leurs classes, leur faire garder le règlement de la journée, et leur peu parler d'autre chose. Il ne faut point qu'elles se croient mal avec moi; ce n'est point leur affliction que je demande; j'ai plus de tort qu'elles; je désire seulement réparer par une conduite contraire le mal que j'ai fait. Priez Dieu et faites prier pour qu'il change leurs cœurs, et qu'il nous donne à toutes l'humilité, mais madame, il ne faut pas beaucoup en discourir avec elles. Tout à Saint-Cyr se tourne en discours; on y parle souvent de la simplicité, on cherche à la bien définir, à la bien comprendre, à discerner ce qui est simple et ce qui ne l'est pas, puis dans la pratique on se divertit à dire : par simplicité, je prends la meilleure place; par simplicité, je vais me louer; par simplicité, je veux ce qu'il y a de plus loin de moi sur la table. En vérité, c'est se jouer de tout, et tourner en raillerie ce qu'il y a de plus sérieux. Il faut encore défaire nos filles de ce tour d'esprit railleur que je leur ai donné, et que je connais présentement très opposé à la simplicité; c'est un raffinement de l'orgueil qui dit par ce tour de raillerie ce qu'il n'oserait dire sérieusement. Mais, encore une fois, ne leur parlez ni sur l'orgueil ni sur la raillerie; il faut la détruire sans la combattre, et ne s'en plus servir; leurs confesseurs leur parleront sur l'humilité, et beaucoup mieux que nous; ne

* « Les demoiselles étaient enflées de la faveur où était cette maison et de l'honneur qu'elles avaient de représenter devant le Roi, recevant beaucoup d'applaudissements de la cour. On parlait beaucoup en divers endroits de leur hauteur, et on en porta diverses plaintes à l'évêque et autres personnes. » (Note des _Lettres et Avis._)

piété, la raison et les mœurs de vos filles, à leur
inspirer l'amour et la pratique de toutes les vertus
qui peuvent leur convenir pour le présent et pour
l'avenir; et pour cela il faut travailler sans cesse à
détruire et à planter en ces jeunes cœurs ce qui se
fait chaque jour par les entretiens publics et particuliers que vous devez avoir avec elles, et ména-
geant habilement toutes les occasions de leur inculquer de bons principes, de bonnes maximes, et

les prêchons plus, et essayez de ce silence qu'il y a si longtemps que je vous demande : il aura de meilleurs effets
que toutes nos paroles.

« Quant à vous, ma chère fille, je connais vos intentions;
vous n'avez, ce me semble, nul tort particulier en tout
ceci; il n'est que trop vrai que le plus grand mal vient de
moi; mais prenez garde, comme les autres, de n'avoir pas
votre part dans cet orgueil si bien établi partout qu'on ne
le sent presque plus. Nous avons voulu éviter les petitesses
de certains couvents, et Dieu nous punit de cette hauteur;
il n'y a point de maison au monde qui ait plus besoin d'humilité extérieure et intérieure que la nôtre : sa situation
près de la cour, sa grandeur, sa richesse, sa noblesse, l'air
de faveur qu'on y respire, les caresses d'un grand roi, les
soins d'une personne en crédit, l'exemple de la vanité et de
toutes les manières du monde qu'elle vous donne malgré
elle par la force de l'habitude, tous ces pièges si dangereux
nous doivent faire prendre des mesures toutes contraires à
celles que nous avons prises. Bénissons Dieu de nous avoir
ouvert les yeux : il vous inspire la piété; elle augmente
tous les jours chez vous; établissons-la solidement. Ne
soyons point honteuses de nous rétracter, changeons nos
manières d'agir et de parler, et demandons instamment à
Notre-Seigneur qu'il change le fond de nos cœurs, qu'il ôte
de votre maison cet esprit d'élévation, de raillerie, de subtilité, de curiosité, de liberté de juger et de dire son avis
sur tout, de se mêler des charges les unes des autres, au
hasard de blesser la charité; qu'il ôte cette délicatesse,
cette impatience des moindres incommodités : le silence et
l'humilité en seront les meilleurs moyens. Faites part de
ma lettre à notre mère supérieure; il faut que tout soit
commun entre nous. »

encore plus de bons sentiments et de bonnes habitudes; car tout n'est pas fait, par exemple, quand vous avez réussi à tenir vos filles si recueillies à l'église qu'elles n'osent y lever les yeux. Il est vrai que cela édifie et leur est utile à elles-mêmes pour les accoutumer à la contrainte et à l'assujettissement si nécessaire aux jeunes personnes; mais ne les en croyez pas plus dévotes si vous n'avez eu soin d'établir dans leur cœur un vrai amour de la piété. On pourrait quelquefois leur dire à ce sujet : « Je suis fort contente de votre extérieur, cela va à merveille, mais c'est à vous à voir si c'est par respect pour la présence de Dieu que vous vous contraignez; car si vous ne le faisiez que pour les créatures, votre peine serait bien inutile. » Et s'il arrivait que la communauté se plaignît que les enfants soient dérangées et causeuses pendant que la maîtresse saurait qu'il n'y a, grâce à Dieu, aucun défaut considérable parmi elles, et qu'elles sont vraiment pieuses et vertueuses, elle ne devrait pas être bien affligée de ces plaintes, parce qu'il faut chercher *à être plutôt qu'à paraître;* ce qui ne devrait pas cependant l'empêcher d'y remédier autant qu'elle pourrait.

Je dis hier que je craignais qu'il y eût des maîtresses plus affligées quand leur classe a fait du bruit dans un corridor que le jour qu'il se sera fait parmi elles quelque chose qui aura déplu à Dieu, quoiqu'il n'y ait que les yeux des hommes qui aient été blessés de la première faute et que Dieu l'ait été de la seconde. Une d'entre elles me dit fort simplement qu'elle ne pouvait souffrir que ses filles fussent trouvées en faute, et que c'était là son faible.

Il est grand, lui dis-je, et se fait bien sentir à la jeunesse à qui rien n'échappe, et qui remarque aisément qu'une maîtresse se soucie moins d'établir la vertu dans sa classe que de la faire paraître dans un ordre merveilleux. Je ne puis assez vous répéter combien je crains qu'on se contente de régler l'extérieur; votre vœu d'éducation vous engage sur toutes choses à les élever chrétiennement et à les accoutumer à bien régler leurs mœurs; pour cela il faut des personnes qui se livrent de bonne foi et tout entières à l'œuvre que Dieu leur confie, et qui se comptent elles-mêmes pour rien; ce n'est pas se livrer tout entière comme on y est obligée quand on se contente de s'amuser de ses élèves, peut-être d'en tirer quelques services, sans songer à leur donner de bonne foi ceux auxquels on est absolument obligé par sa vocation.

Il ne faut point éviter d'entrer dans leurs jeux, dans leurs conversations, même dans leurs démêlés; il y a du bien à faire partout quand on le veut sincèrement, et tout cela fait partie de leur éducation. Ne leur souffrez ni raffinements ni petitesses dans leur piété, mais enseignez-leur le saint Évangile dans toute sa force; dites-leur qu'il n'y a que ceux qui se font violence qui remportent le royaume de Dieu; qu'il faut nécessairement porter sa croix et se renoncer soi-même pour être sauvé; qu'il faut pardonner du fond du cœur à ceux qui nous ont offensés; qu'il faut adorer Dieu en esprit et en vérité et le servir de même; qu'il faut avoir le péché en horreur, en éviter toutes les occasions et s'attacher de tout son cœur à la pratique des vertus que Notre-Seigneur nous a recommandées.

Prêchez-leur tantôt les maximes fortes et solides de la religion, et tantôt celles de l'honneur et de la bienséance. Ne vous lassez point de leur rebattre souvent l'importance et la nécessité de cette piété solide et simple que je vous recommande presque incessamment et peut-être jusqu'à vous ennuyer (1).

(1) « Mme la duchesse de Bourgogne en fit, il y a quelque temps, un trait qui me plut infiniment. Vous savez qu'elle avait été fort malade, et tout le monde se récriait sur le bon effet des remèdes qui l'avait si promptement tirée du danger. Elle me dit tout bas : « Je suis bien persuadée que c'est sainte Geneviève plutôt que les remèdes qui m'a guérie, parce je me suis sentie soulagée dès que je lui ai commencé une neuvaine et bu de l'eau où on avait trempé de son pain. — Je suis ravie, madame, lui dis-je, de trouver en vous cette simplicité de foi si rare dans les grands et que Dieu récompense assez souvent par des guérisons miraculeuses qui, pour l'ordinaire, sont réservées pour le simple peuple, à cause de la vivacité et de la simplicité de sa foi. » Puis, rappelant quelques miracles de l'Evangile, je lui fis remarquer que Notre-Seigneur les avait faits en faveur de la foi de ceux qui avaient eu recours à lui, disant à la Chananéenne : « Votre foi est grande; » à une autre : « Qu'il vous soit fait selon votre foi, etc. » Si je ne vous voyais point, Madame, ajoutai-je, d'autres marques de piété que cette confiance à une neuvaine ou au pain de sainte Geneviève, je n'en ferais point de cas et j'y craindrais de la superstition, parce que ces pratiques, quoique bonnes et autorisées de l'Eglise, ne sont pas essentielles, et se tournent même en abus quand on y met toute sa confiance sans se soucier de manquer à des devoirs plus importants, comme font ceux qui ne voudraient pour rien au monde omettre leur chapelet, et qui n'ont aucun scrupule de blasphémer ou de se venger; qui gardent l'abstinence du samedi et qui mangent de la viande le vendredi; qui croient qu'il est impossible d'être damné quand on porte le scapulaire ou qu'on dit le rosaire, quoiqu'on demeure volontairement dans le péché. Mais quand ces pratiques extérieures sont accompagnées d'une vertu fidèle à tous les devoirs du christianisme, et qu'on leur préfère, ainsi que vous faites, ce qui est d'obligation, et que je vous vois attentive à attaquer vos défauts, à vous convaincre de la nécessité de vous

... Je vous dis tout ceci pour vous convaincre de plus en plus de l'obligation où vous êtes d'inspirer à vos enfants ces sentiments, et que vous preniez un grand soin d'éviter de leur laisser prendre une piété orgueilleuse qui méprise ou raille tout ce qui tient du miracle, sans cependant les laisser tomber dans toutes les petitesses de certaines personnes peu éclairées. Il faut qu'elles aient un profond respect pour les dévotions approuvées par l'Église, quelque petites qu'elles paraissent; mais vous devez les rappeler toujours aux pratiques essentielles qui sont : la fuite du péché, l'amour de Dieu et du prochain et l'accomplissement des devoirs de son état, leur faisant bien comprendre que la vraie piété consiste à aimer Dieu, à penser à lui, à le consulter dans ses entreprises, à ne pas se contenter d'être à lui quand on est à l'église ou qu'on approche des sacrements, mais à y être tous les jours de sa vie par la fidélité à éviter ce qui peut lui déplaire et à faire ce qu'on sait lui être agréable.

faire violence pour vous sauver, à profiter de vos communions, à vous tenir en garde contre votre humeur, à faire excuse à vos femmes dès qu'il vous est échappé des paroles trop vives, et surtout à fuir le péché et à mieux servir Dieu, je reconnais avec plaisir que votre piété a les qualités nécessaires. La dévotion qui, sous prétexte de s'attacher au solide, dédaigne et méprise les moindres pratiques de l'Église, tient de la superbe : celle, au contraire, qui la fait consister en ces sortes de choses, sans s'acquitter des premiers devoirs de la religion, est superstitieuse. »   (*Entretien.*)

IV

ÉDUCATION SIMPLE, CHRÉTIENNE ET VRAIE; S'INTERDIRE TOUTE EXAGÉRATION ET NE PAS ABUSER DU MERVEILLEUX.

Il faut donner à vos filles une éducation simple, les exciter plutôt au bien par la crainte et l'amour de Dieu que leur élever le cœur par des exemples héroïques; car, quoiqu'il soit vrai que ce soit un remède à certains défauts, cela excite un orgueil qu'il faut après détruire, ce qui est plus difficile qu'à surmonter les plus grands vices, et nous voyons que c'est ce qui reste à faire à la plupart de ceux qui se donnent à Dieu. Après avoir excité, orné l'esprit, en avoir fait son idole, il faut y renoncer; croyez-moi, ne donnez point cela à faire à vos enfants; dites-leur plutôt quand elles font mal : Comment pouvez-vous accorder cette action avec l'Évangile, avec un tel précepte de la loi de Dieu?

De plus, ne trouve-t-on pas la vraie grandeur dans la doctrine de Jésus-Christ? Par exemple, leur citer saint Paul, qui aimait mieux travailler de ses mains dans un temps où il était tout occupé à prêcher l'Évangile aux nations que d'être à charge aux fidèles. Cette formation simple et chrétienne que je vous propose ne vous fera pas tant d'honneur, et ne plaira pas tant aux gens du monde qui aimeraient mieux une éducation plus vaine qui ornerait davantage l'esprit de leurs enfants et leur donnerait quelque chose de plus brillant. Mais vous ne les élevez pas pour plaire au monde; c'est pour en faire de bonnes chrétiennes (1), des filles sages et rai-

(1) Cette « éducation chrétienne », sur laquelle insiste M⁰ᵉ de Maintenon, a trouvé un éloquent interprète dans la personne d'un prêtre éminent chargé de présider une distribution de prix dans un pensionnat de jeunes filles. Nous reproduisons une partie de sa vibrante allocution.

« De nos jours, le cri de Gœthe mourant est sur presque toutes les lèvres : « De la lumière ! de la lumière ! » Pour beaucoup de nos contemporains l'instruction est une sorte de panacée universelle, la solution assurée du problème social. L'éducation, au contraire, est trop facilement reléguée au dernier plan. Erreur capitale, que ne sauraient trop combattre tous ceux que préoccupent l'avenir de notre pays, sa prospérité et sa grandeur morale.

« L'homme naît bon, a écrit J.-J. Rousseau, la société le corrompt. » Cet axiome n'est qu'un sophisme. Opposons-lui la formule catholique : L'homme créé bon a été déformé par le péché. C'est un palais en ruines. L'éducation a pour objet d'en retrouver les traces primitives et de le relever suivant l'idée et les desseins de l'éternel architecte. Elle devra donc atteindre l'homme tout entier; elle sera à la fois physique et intellectuelle, morale et religieuse...

« Enseignez aux jeunes filles — c'est Fénelon qui parle — à lire, à écrire et à bien prononcer ce qu'elle lisent. Ne leur laissez ignorer ni l'histoire de France, ni les règles de l'orthographe, de la grammaire, de l'arithmétique, du droit usuel ou des coutumes du pays où elles vivent. Permettez-leur, avec un grand choix, la lecture des ouvrages d'éloquence et de poésie. Qu'elles s'occupent de musique avec précaution et que, par la connaissance du dessin, elles arrivent à réformer ce qu'il y a de confus et de mauvais goût dans les étoffes, dans les dentelles et dans les broderies »...

Après l'intelligence, le cœur. Le cœur de la jeune fille! vase d'or qui ne doit renfermer que des parfums! coupe sacrée où l'on ne doit verser que le vin de la pureté! Gardez-le contre ses ennemis : l'oisiveté, qui engendre une sensibilité pernicieuse et ouvre toutes grandes les portes à la folle du logis; le luxe, fléau des familles, plaie de la société, qui entraîne à sa suite les plus graves désordres, dissipe le superflu des riches, ce patrimoine des pauvres, allume dans l'âme des misérables un incendie de haine, vide le ciel et dépeuple la terre; la lecture des mauvais livres, brochures,

sonnables, car il ne faut rien de bas, rien de petit; point de contes, point en faire accroire; leur donner les choses pour ce qu'elles sont; ne leur point faire un crime d'une bagatelle; ne leur point donner pour obligation une chose de perfection, comme on fait presque dans tous les couvents. On fera les mêmes réprimandes à une fille qui aura manqué d'entendre la messe un jour ouvrier, comme si elle l'avait fait un dimanche; et quand elle est dans le monde et que ses affaires ne lui permettent pas d'aller à la messe un jour ouvrier, elle croit qu'elle pourra bien aussi s'en dispenser une fête ou un dimanche pour la même raison, parce qu'elle n'en aura pas compris la différence.

Vous n'aurez jamais de force dans vos instructions que par la vérité : quand vous leur dites, par exemple, que la transgression de leur règle est de soi un péché, et qu'ensuite elles le vont demander à leur confesseur, qui leur dira encore plus librement qu'à l'ordinaire que, puisque la plupart des règles des religieuses n'obligent point sous peine de péché, à plus forte raison celles qu'on fait à des personnes qui ne sont point engagées par vœux ne

livraisons, revues, feuilletons ou romans qui pervertissent l'esprit ou souillent l'imagination dans sa fleur, fleur qui ne renaît plus, une fois flétrie, l'amour immodéré de la danse et du théâtre; la danse, dont saint François de Sales disait — et il ne connaissait pas nos danses modernes — que la meilleure ne valait rien; le théâtre qui souvent n'est propre qu'à perdre le goût et les mœurs.

Physique, intellectuelle et morale, l'éducation de la jeune fille sera par-dessus tout religieuse. C'est ainsi que les sièc'es et les peuples même païens l'ont compris... (Allocution de distribution de prix dans un pensionnat de jeunes filles par M. l'abbé ANTOINE, archiprêtre d'Argentan.)

les y obligent point; jugez si après une telle décision, qui est convaincante, elles s'en tiendront à la vôtre, et le cas qu'elles feront ensuite de toutes les autres que vous leur ferez.

Il vaut donc bien mieux les exciter à aimer leurs règles, parce qu'elles sont le témoignage de la volonté de Dieu sur elles, et que ce n'est que par la fidélité à les suivre qu'on l'honore véritablement; que par de petites infidélités, on se dispose insensiblement à des infidélités plus considérables. De plus, il faut faire remarquer que ces transgressions de leur règle ne sont pas seulement de simples imperfections, mais des péchés, non à cause de la règle, mais à cause qu'on ne la transgresse ordinairement que pour suivre une passion déréglée qu'on devrait combattre, et aussi à cause des circonstances qui accompagnent souvent ces transgressions; enfin leur faire honte de cette mauvaise disposition qui fait qu'on ne craint que ce qui est péché, que ce qui damne, et qu'on passe facilement sur ce qui déplaît à Dieu. Il faut instruire avec simplicité et netteté, faire voir à vos filles la doctrine dans sa pureté, sans s'amuser à leur dire des choses curieuses et inutiles, la foi simple et la docilité à l'Église convenant mieux à des filles que des raisonnements qui exciteraient leur curiosité et qui souvent les embrouilleraient. Ce serait aussi une excellente chose de retrancher la multiplicité des livres; mais il ne faut pourtant pas pousser cela trop loin, car il faut occuper les enfants, il faut les former, et la lecture bien choisie et bien faite est très utile; il ne faudrait donc pas retrancher les livres, mais la variété des maximes, des conduites et des moyens; ils devraient tous renfermer le même esprit sans s'écarter de ce que doivent faire tous les chrétiens dans une vie simple et commune.

Ce qu'on leur fait lire par rapport à la vie religieuse, quoique excellent, ne leur sert ordinairement pas beaucoup : elles croient que cela n'est bon que pour le cloître, et quand elles n'ont pas dessein de s'y renfermer, elles laissent sous ce prétexte toute piété ; et ce qui arrive encore de ces choses extraordinaires qu'on leur lit, c'est qu'après leur avoir fait une lecture de demi-heure, il faut en passer une autre à leur faire entendre que cela ne leur convient pas et que ce sont des conduites de Dieu qu'il faut admirer. Quand on rencontre par hasard de ces choses merveilleuses qu'on trouve dans la vie des saints, il ne les faut pas laisser passer sans fruit et sans les instruire, et leur faire voir que Dieu a sur ses créatures des conduites différentes qu'il faut suivre avec fidélité, quand il les inspire, et avec soumission à ses ministres.

V

A UNE SUPÉRIEURE : PROGRAMME D'ÉDUCATION (1).

Avant que de vous déterminer à prendre des pensionnaires, faites vos réflexions devant Dieu sur les soins que vous en devez avoir. Il est essentiel de les veiller jour et nuit sans jamais s'en lasser ; ce sont des âmes dont vous répondrez : vous n'êtes point obligée de prendre des pensionnaires, mais vous êtes obligée de veiller sur leurs mœurs ; je ne sais pas comment les religieuses se justifieront sur cet article...

Encore une fois, il faut élever vos bourgeoises en bourgeoises ; il ne leur faut ni vers, ni conversations ; il n'est point question de leur orner l'esprit. Il faut leur prêcher les devoirs de la famille, l'obéissance pour le mari, le soin des enfants, l'instruction à leur petit domestique, l'assiduité à la paroisse le dimanche et les fêtes, la modestie avec

(1) Une ancienne élève de Saint-Cyr avait été nommée supérieure d'une maison où l'on élevait des enfants appartenant à la bourgeoisie et aux classes pauvres. Désireuse de bien gouverner sa communauté et de donner à ses pensionnaires une solide éducation, elle s'adressait fréquemment à Mme de Maintenon qui, dans des lettres remplies d'affectueux intérêt, lui donnait d'excellents conseils. — « Si vous aimez mes avis, ma chère fille, lui écrivait-elle, j'aime fort de mon côté à vous en donner ; ainsi ils ne vous manqueront pas. » Il nous semble que beaucoup de ces conseils trouveront encore de nos jours une fréquente application.

ceux qui viennent acheter, la bonne foi dans le commerce, etc.

Il faut leur conseiller de demander à Dieu un bon confesseur et de le choisir dans la vue de leur salut, de se laisser conduire comme un enfant; c'est par eux que se fait le bien; vous ne pouvez trop prêcher et pratiquer au dedans la docilité pour les confesseurs, et eux ne peuvent trop inspirer aux filles la confiance de celles qui les gouvernent. Il faut qu'elles édifient leurs parents, leurs amis, leurs voisins, qu'elles donnent de bons conseils et de bons exemples.

Il faut leur dire que la piété ne s'oppose point à la joie, et qu'au contraire il la faut faire aimer en montrant qu'on sert Dieu avec plaisir : les instructions publiques et particulières doivent rouler toutes là-dessus. Il faut quelquefois leur parler en particulier, et peu chaque fois, c'est le plus pressant soin de la première maîtresse, c'est dans ce particulier qu'il faut attaquer leurs vices, elles reçoivent bien tout quand il n'y a point de témoins. Quoique ces filles soient peu de chose, elles ne laisseront pas de faire du bien dans leurs familles, dans leur quartier et dans les différents états où elles se trouvent (1).

(1) Mme de Maintenon ne se contenta pas de donner des conseils, elle prêta des jeunes filles déjà formées, et voici les instructions dont elle les munit :

« Inspirez aux jeunes pensionnaires une piété solide, droite et simple : solide, en leur expliquant qu'il faut la consulter dans tout ce que nous avons à faire d'un peu important; droite, en la pratiquant selon notre état; simple, en ne cherchant que notre salut dans les instructions, dans les livres, dans les entretiens avec les gens de bien.

« Il faut inspirer un grand respect, et pour les sacrements

Sans une continuelle vigilance, tout ce que vous ferez sera inutile; il faut veiller vos pensionnaires jour et nuit; une conversation entre elles détruira en un moment tout ce que vous aurez fait (1). C'est

et pour les ministres de Jésus-Christ, leur faire aimer la piété en ne la leur donnant point d'une manière austère.

« Leur dire toujours la vérité, n'exiger aucune pratique religieuse, leur donner une piété qu'elles puissent garder dans le monde, ne les laisser jamais sans une personne à qui on puisse se fier, ne leur permettre jamais de parler bas et leur en ôter l'occasion.

« Les occuper toujours, être présente à leur jeux, afin qu'elles les fassent modérément, doucement, facilement; on leur est aussi nécessaire dans ce temps-là qu'à celui de l'instruction.

« Leur parler en particulier pour les exhorter au bien et pour les reprendre; ne les point reprendre devant les autres; ne les punir jamais sans les avoir averties plusieurs fois; leur parler toujours raisonnablement, quelque jeunes qu'elles soient; ne se pas lasser de dire cent fois la même chose; les porter à la joie, et leur donner une honnête liberté.

« Leur donner le goût de l'ouvrage en le diversifiant le plus qu'on peut; nulle distinction que la sagesse; les persuader qu'on les aime également. »

(1) « Il faut sans cesse vous renouveler dans la vigilance et défendre absolument aux élèves de dire un mot tout bas à leurs compagnes; cette faute, qui paraît très légère aux personnes sans expérience, est très considérable, et il n'y en a point sur laquelle il faille leur faire moins de grâce. Punissez-la donc très grièvement, et laissez dire ce qu'on voudra là-dessus. Si les enfants veulent raisonner un moment là-dessus, elles conviendront qu'elles ne parlent bas que pour dire des choses qu'elles ne croient pas bonnes; on a donc raison de le leur défendre.

On ne peut être assuré de la jeunesse sans cette précaution; mais après cela ne les reprenez pas trop sévèrement de ce qu'elles diront, et tâchez de leur apprendre à distinguer le bon, le mauvais, l'indiscret, l'imprudent, l'immodeste, le grossier, et tout cela peu à peu, laissant passer même bien des choses.

Je vois de nos Dames choquées et alarmées quand nos filles désirent des ajustements, et qu'elles se trouveraient heureuses d'avoir un habit couleur de rose; il ne faut pas pour en donner le loisir aux maîtresses que nous avons cherché tant d'inventions pour les soulager de mille autres occupations que d'autres peuvent remplir. Il faut avoir toujours les yeux ouverts sur elles avec une attention que rien ne puisse diminuer : c'est là le fondement sans lequel l'édifice tombera; la vigilance doit être égale pour toutes.

La piété même, qui est ce qu'il y a de plus solide, ne l'est pas assez dans la jeunesse pour résister aux occasions; c'est pourtant par cette piété qu'il faut commencer, mais une piété convenable à leur état et à leur âge; ne les poussez point à une trop grande dévotion : vous en feriez des hypocrites ou des scrupuleuses; nous avons toutes sortes d'expériences là-dessus; mais il est de tout âge, de toute profession, de tout sexe, d'aimer Dieu, de fuir le péché, de se laisser conduire.

Quand une fille sort d'un couvent, disant que rien ne doit faire perdre vêpres, on se moque d'elle; quand une fille instruite dira et pratiquera de perdre vêpres pour tenir compagnie à son mari malade, tout le monde l'approuvera; quand elles auront pour principes qu'il faut honorer son père et sa mère, quelque mauvais qu'ils fussent, on ne se moquera point; quand une fille dira : qu'une femme

leur faire des crimes de cette faiblesse de leur âge et de notre sexe; il faut leur dire doucement que ces goûts-là passeront et ne leur en pas faire un péché! Vous aurez plus leur confiance par ces petites condescendances. Mais encore une fois, qu'elles ne parlent point bas, et que les maîtresses aient toujours les yeux ouverts sur elles. Je prie Dieu de vous faire connaître le mérite et la sincérité de cette vigilance, pour vous y donner tout entière; éloignez tout ce qui pourrait vous embarrasser et veillez continuellement, mais tranquillement. »   (*A une maîtresse de classe.*)

fait mieux de bien élever ses enfants et d'instruire ses domestiques, que de passer la matinée à l'église, on s'accommodera très bien de cette religion ; elle la fera aimer et respecter. Prêchez sincèrement, ma chère fille, cette dévotion pratiquée selon l'état où Dieu nous a appelés.

Instruisez vos bourgeoises en bourgeoises ; dites-leur que rien ne déplaît plus à Dieu et aux hommes que de sortir de son état ; ils sont tous réglés par la Providence, et il s'y oppose quand on veut être ce qu'il n'a pas voulu que nous fussions. Prêchez-leur la modération, qu'il ne faut pas que le paysan fasse le bourgeois, ni que le bourgeois fasse le gentilhomme ; le monde s'en moque, et considère plus ceux qui demeurent dans leur état et qui y vivent avec honneur et probité. J'ai connu des gens respectés de tous ceux qui les connaissaient par cette conduite.

Expliquez-leur bien les devoirs de la religion : on se contente qu'elles sachent par cœur les commandements de Dieu, sans leur apprendre à quoi ils nous obligent. Elles savent : Un seul Dieu tu adoreras, et adorent la Vierge ; elles disent : Tu ne prendras pas le bien d'autrui, et soutiennent qu'il n'y a point de péché à voler le Roi. J'ai vu tout ce que je dis.

Le plus grand nombre des chrétiens fait consister la piété en pratiques extérieures, confessions, communions de temps en temps, long séjour dans les églises, observances des fêtes et jeûnes ; mais dans le reste oubli de Dieu, colères, haines, vengeances, mensonges, avarice, parjures, immodestie, chansons libres, etc.

Je ne me mettrais pas en peine de leur bonne grâce, je ne leur demanderais que de la modestie.

C'est dans le parler en particulier qu'il faut leur dire ce qu'elles sont et leurs obligations; on ne les fâche point quand on leur parle en tête à tête, avec raison et douceur.

Il faut prêcher la raison à toutes également en l'appliquant selon l'état, et surtout empêcher qu'on ne dise aux enfants de ces pauvretés qu'il faut qu'elles oublient; il ne leur faut donner que ce qui leur sera toujours bon, religion, raison, vérité.

Comme vous gardez peu vos pensionnaires, vous devez vous borner au catéchisme, lire et écrire. C'est perdre votre temps et le leur de leur apprendre des vers et des conversations. Si elles s'en plaignent ou leurs parents, répondez qu'on ne vous les laisse pas assez longtemps.

Vous mettrez votre maison en réputation si vous rendez quelques filles bien raisonnables; et vous ne les rendrez raisonnables qu'en leur inspirant la raison par vos discours et par votre exemple, qui sera encore plus fort que vos paroles. Elles seront à peu près telles que vous serez : si vous êtes de bonne foi, elles seront de bonne foi; si vous agissez droitement, elles agiront droitement; si vous vous relâchez, elles se relâcheront; si vous êtes extérieures, elles seront extérieures; si vous faites autrement quand on vous voit que lorsqu'on ne vous voit pas, elles feront de même; si vous vous donnez tout entières, elles se donneront aux choses dont vous les chargerez; si vous vous cachez de vos supérieurs, elles se cacheront de vous : cet article regarde plus les maîtresses que vous, je vous prie de le leur dire.

Votre expérience vous fera voir que les grandes personnes qui veulent se retirer chez vous y feront plus de mal que de bien.

Souffrez encore, ma chère fille, que je vous répète, pour vous et pour vos maîtresses de pensionnaires, que les vers, les conversations, les proverbes, les fables, et tout ce qu'on apprend ici n'est pas l'essentiel de l'éducation, et leur est même très inutile pour l'avenir, si vous ne leur expliquez pas la religion et la raison qui sont dans tout cela.

Il faut tout rapporter à leurs mœurs : qu'elles voient l'insolence d'Aman, et combien il est malheureux au comble de la faveur; qu'elles remarquent la confiance en Dieu et le courage de Mardochée, et ainsi du reste.

L'essentiel de l'éducation est la piété, qu'il faut leur inspirer solidement, mais la piété, selon leur état, et non pas dans la multitude des prières. Il faut leur apprendre les différents devoirs des différents états : l'*Introduction à la vie dévote* est excellente pour cela.

Il faut bien se garder de leur peindre la dévotion triste et austère, mais au contraire gaie par le repos d'une bonne conscience; il ne faut pas caresser plus que les autres celles qui paraissent les plus dévotes, vous en feriez des hypocrites.

Il ne faut point leur donner des pratiques religieuses, mais les élever en bonnes séculières (1).

(1) La pauvre Mme de B... fit deux dévotes par son zèle

Il faut parler raisonnablement et doucement en toutes occasions.

Il ne faut jamais les châtier sans les en avertir plusieurs fois, on est trop heureux quand une menace les corrige.

Il faut leur parler en particulier, et traiter leurs défauts avec charité et patience, mais avec force, en ne se rebutant jamais; il faut surtout s'oublier soi-même, ne point songer à leur dire de belles choses, mais bonnes, ne point vouloir en faire des prodiges de mémoire ou de grâce que leurs parents admirent, mais des filles raisonnables; il faut tâcher de leur donner de l'émulation.

Il faut leur inspirer la piété de leur état : cette

peu expérimenté : l'une mourut folle, et l'autre le devient par ses scrupules.

L'essentiel est cette simplicité dans toute leur conduite, cette droiture dans leurs intentions, cette bonne foi dans tout ce qu'elles font; vous l'avez expérimenté dans Mlle de G... : peu de filles auraient fait ce que vous lui avez vu faire. On leur apprend ici à dire des vers, et on leur dit en même temps que ce talent est peu de chose, et que la plus sotte comédienne les dit mieux qu'elles. On ne caresse point celles qui ont ces petits talents plus que celles qui ne les ont point; on enflerait les unes et on découragerait les autres. On leur dit toujours la vérité en tout, on leur donne pour petit ce qui est petit et pour important ce qui est important. Mais, madame, cette piété formée et suivie ne se peut inspirer que par les confesseurs.

Quelque estime que vous ayez pour l'éducation de Saint-Cyr, il est impossible que vous l'imitiez en tout, par la différence des lieux, et par n'être pas dans la même abondance. L'essentiel est de leur inspirer la piété et une grande docilité, de leur faire aimer la piété en faisant voir qu'elle n'est pas opposée à la joie, de ne les laisser jamais seules et sans une personne de confiance, de leur ôter le loisir de se parler en les occupant toujours : les défenses ne feraient qu'exciter leur envie; qu'elles ne parlent jamais bas. Je mets au rang des occupations les jeux. »

sorte d'éducation ne paraît pas tant que de leur apprendre mille choses par cœur; la raison ne se montre point d'abord, mais les couvents et les familles où elles iront la trouveront meilleure que de savoir des langues étrangères et d'avoir mille talents extérieurs.

Les premières impressions qu'on donne aux enfants dans la plupart des maisons sont presque toutes vicieuses; on les voit arriver menteuses, voleuses, dissimulées; tout cela se guérit par la douceur, par la raison, encore plus en priant pour elles. Ne vous effrayez pas de ces choses-là, n'en paraissez point effrayée aux enfants, dans l'espérance qu'elles en auront plus d'horreur; il ne faut jamais leur dire que la vérité, et dans cette occasion-là il fallait dire qu'on ne dérobe jamais sans offenser Dieu; leur faire voir que l'on comprend fort bien qu'elles ont vu faire de ces choses-là dans leur famille, mais qu'il ne les faut plus faire; qu'on les récompensera si elles se corrigent, et qu'on les châtiera fortement si elles ne se corrigent pas; tout cela dit de sang-froid fait mieux que tous les vacarmes qu'on pourrait faire.

Prêchez bien à vos enfants, madame, la simplicité dans leur piété; qu'elles n'y cherchent point de ragoûts; qu'elles ne soient point discoureuses sur leur conscience; qu'elles soient dans la volonté de Dieu et dans la pratique de tout dire à leur confesseur, mais qu'elles aient peu de chose à dire; qu'elles se laissent conduire comme des enfants.

Qu'elles aiment les prières communes, qui ne sont communes que parce qu'elles sont les meilleures; qu'elles aiment surtout le *Pater;* qu'elles le récitent toutes en français; qu'elles tâchent de le bien entendre : elles trouveront tous nos besoins exprimés dans les sept demandes qui y sont renfermées. Peut-on chercher d'autres prières que celles que Notre-Seigneur nous a faites lui-même? au moins doivent-elles l'emporter sur toutes les autres. Elles ne peuvent mieux honorer la Vierge que par la prière que l'Église nous donne et qu'elle fait réciter continuellement avec le *Pater* au commencement de tous les offices. Peut-on faire de meilleurs actes de foi que ceux qui sont compris dans le *Credo?* Peut-on se mettre dans des dispositions plus contrites et plus humbles que celles qui sont dans le *Confiteor?* Avec cela, madame, l'observation des commandements de Dieu et de l'Église, la réception des sacrements, la fuite des péchés mortels, n'est-ce pas tout ce qu'il faut inspirer à vos pensionnaires?

Une des règles qui m'a donné le plus de peine à établir a été la subordination des maîtresses subalternes avec la première : elles voulaient être consultées, et tout le temps se perdait en consultations, par conséquent en contestations pendant lesquelles les enfants étaient abandonnées; les maîtresses voulaient des punitions pour chaque faute, elles voulaient être craintes et aimées; elles conviennent présentement qu'il est beaucoup meilleur que la première maîtresse le soit en tout, qu'elle soit chargée de tout, qu'elle conduise tout, et que les autres soutiennent tout ce qu'elle veut. Je leur ai proposé l'idée d'une mère de famille : elle se sert de ses grandes filles pour élever les petites; mais tout se fait par son ordre. La première maîtresse parle en particulier; elle a la confiance de ses filles; il n'y a qu'elle qui sache où elle en est avec elles; et, sur la plainte d'une maîtresse subalterne, elle punira une fille à qui elle a promis la patience et la douceur pour ses fautes!

C'est une enfance de croire qu'il ne faut pas laisser une faute impunie : c'est selon les naturels, c'est selon les temps, c'est selon ce que veut cette première faute. Il sera plus aisé de trouver ce discernement dans une tête que dans quatre. Si on la trouve trop douce, si elle fait des choses que les autres blâment, elles peuvent se plaindre à leur supérieure; cette porte doit toujours leur être ouverte; du reste, les maîtresses doivent reprendre continuellement et courtement; elles doivent avertir la première maîtresse de ce qu'elles voient, et ne plus penser si on les punit ou si on ne les punit pas.

La première doit consulter la supérieure et lui rendre compte de sa classe; cette conduite attirera plus de bénédictions.

La supérieure doit presque toujours être donnée en récompense ou en punition, soit pour aller aux pensionnaires, soit qu'on les lui envoie à sa chambre.

Il ne faut pas qu'elle se montre trop souvent, son autorité en serait moins grande; vous devez avoir et suivre deux vues pour vos pensionnaires : l'une d'en acquitter votre conscience, l'autre de rendre les soins qu'elles demandent moins à charge que vous pourrez à vos religieuses; c'est pourquoi il faut établir, quand vous le pourrez, quatre maîtresses, dont il y ait toujours deux à la classe et deux à la communauté; cette diversité est très agréable. Quand nos filles ont été vingt-quatre heures auprès des élèves, elles sont ravies de les quitter pour se retrouver aux exercices de la communauté, où elles trouvent de la douceur et du repos; quand elles ont été vingt-quatre heures à la communauté, elles ne sont point fâchées de retrouver leur filles, dont elles sont délassées.

VI

A LA MÊME : LA DIFFÉRENCE DES CONDITIONS EXIGE UNE AUTRE ÉDUCATION ; CE QUI APPARTIENT A TOUTES LES CONDITIONS ET A TOUS LES AGES.

Les écoliers, les pages, les laquais, les pensionnaires de couvent sont très sujets aux espiègleries que font les vôtres; elles en faisaient ici autrefois, mais il n'en est plus question: l'éducation chrétienne et raisonnable qu'on leur donne les met bien loin de telles bassesses, et je ne crois pourtant pas qu'il y ait de jeunesse ensemble qui se divertisse plus que la nôtre, ni d'éducation plus gaie; vous l'avez vu de près. Je vois de grandes difficultés chez vous dans la diversité des conditions, par la différence des choses qu'il faut dire.

Quoique leurs âmes soient également précieuses à Dieu, il faut pourtant que l'instruction soit plus étendue pour une demoiselle que pour une fille de vigneron : il suffit à celle-ci de savoir ce qui est absolument nécessaire pour être sauvée, il faut un peu plus éclairer les autres. Il faut que les demoiselles parlent un bon français, et les reprendre quand elles y manquent; il n'importe que les autres s'expliquent en leur langage, pourvu qu'elles entendent assez pour pratiquer ce qui est commandé. Les filles du vigneron se rendront ridicules en disant des vers; ils sont bons aux demoiselles.

Il faut parler aux filles de marchands de la fidélité dans leur commerce, sur les mesures, sur les poids, sur les profits permis; tout cela ne convient point aux autres. Du reste, il n'importe point que vous nous imitiez en tout. Qu'une de vos dames aille par jour faire écrire, une autre apprendre à travailler, il n'y a rien que de bon.

Les inventions que nous avons pour que les enfants se montrent les uns aux autres ont été trouvées pour le soulagement des maîtresses, qui n'auraient jamais pu fournir à tout; mais il ne faut pas que les dames qui vont montrer quelque chose de particulier se mêlent de la conduite de leurs écolières, qu'elles les punissent, qu'elles les récompensent; elles doivent simplement en rendre bon ou mauvais témoignage à la première maîtresse, ou il arriverait qu'elles puniraient une fille dont la première maîtresse serait contente, ou qu'elles donneraient une récompense à celle à qui la maîtresse destine une punition. Cet endroit-là est essentiel, il faut que toute l'autorité soit dans cette première, que les autres n'aient point de peine que les autres enfants la voient.

Nous nous sommes aperçues souvent du bon effet de cette subordination, et ces exemples de soumission et d'humilité sont encore plus forts que les discours pour les instruire. C'est ce qui a établi ce bon esprit ici, qui fait qu'une fille de douze ans répond au catéchisme à une qui en a sept comme elle ferait à sa supérieure, et qu'elles apprennent toutes les unes des autres tout ce qu'elles savent; car, en tout, on leur inspire la raison, en leur montrant la petitesse qu'il y aurait à ne pas profiter de ce qu'une autre sait, parce qu'on a quelques années plus qu'elle. On leur donne toujours les choses pour ce qu'elles sont : la piété au-dessus de tout, la raison ensuite, les talents pour ce qu'ils valent; on ne récompense point celles qui en ont, on n'estime que la vertu et la sagesse. En les louant de bien dire des vers, ou d'avoir bien chanté, on leur dit que les plus sots comédiens ou chanteuses d'Opéra s'en acquittent bien mieux qu'elles, et qu'il n'y a point à s'en glorifier; on aime autant celles qui n'ont aucune de ces qualités extérieures; et les sages ont les distinctions. C'est, encore une fois, cette conduite qui inspire la raison : vous aurez beau la pratiquer, si on vous voit préférer votre parente ou votre amie aux autres. Voilà l'essentiel de l'éducation. Qu'elles vous voient en tout juste, désintéressée, donnant autant de soin à la plus choquante qu'à la plus aimable; les enfants voient fort bien ce que font leurs maîtresses.

Il faut parler à une fille de sept ans aussi raisonnablement qu'à une de vingt ans; c'est ce qui avance nos filles comme elles le sont, quoique d'ailleurs elles n'aient aucune expérience.

Vos occupations ne sont pas petites, et je n'en connais pas de plus grandes que d'inspirer la religion et la raison : c'est là le solide de notre éducation. On ne peut pas pourtant les traiter aussi également que chez nous; on ne peut pas toujours les arranger de même, ni les habiller d'un habit uniforme, ni leur donner toutes les distinctions ni tous les prix qu'on donne dans nos classes. On n'a pas le temps de leur apprendre autant de choses; mais cette religion et cette raison est de toutes les conditions et de tous les âges : c'est là ce qu'il faut tâcher de bien établir, avec un esprit de vérité et de douceur dans tout ce qu'on leur dit, sans finesse, sans tromperie, sans leur faire jamais rien accroire, et parlant aux plus jeunes comme aux plus grandes, dès qu'elles peuvent entendre ce qu'on leur dit.

Il faut les élever selon leur état, et dire à la demoiselle et à la bourgeoise ce qui leur convient. Quand on ne marquera jamais de mépris pour la bourgeoise ni pour la paysanne, elles souffriront qu'on ne les traite pas en demoiselles. Quand la grande demoiselle peignera la bourgeoise, qui est trop petite pour le faire elle-même, les autres verront que c'est la raison qui fait agir et non pas la hauteur. Quand la demoiselle montrera à lire à la bourgeoise, la bourgeoise se portera à rendre service à la demoiselle.

Il faut leur expliquer librement et franchement la différence des conditions que Dieu a ainsi arrangées, qu'il veut être servi selon l'état de chacune, mais que la plus pieuse sera toujours celle qui lui sera le plus agréable.

Il faut leur inspirer cette piété différente dans les

pratiques que vous entendez si bien expliquer ici. Quand toute la conduite des maîtresses sera ainsi fondée sur toutes ces maximes, sans jamais se démentir, et qu'elles iront toujours droit sans acception de personnes, considérant la vertu de préférence à tout, Dieu les bénira, et les filles se formeront à ce bon esprit.

La vérité a une force et attire une bénédiction bien différentes des finesses et des adresses de l'esprit du monde.

VII

ÉDUCATION SIMPLE; PARLER PEU ET FAIRE BEAUCOUP.

J'ai pensé à tout ce que nous dîmes sur l'éducation des enfants et avec joie de vous voir toutes si occupées d'une de vos principales obligations; plus j'y fais de réflexion, et plus je suis persuadée que vous ne pouvez leur donner une éducation trop simple et trop silencieuse. Il me paraît qu'elles sont un peu désaccoutumées de cette quantité de questions et de difficultés qu'elles faisaient autrefois : ne leur laissez plus reprendre ce mauvais caractère; il est dangereux pour elles, et très embarrassant pour les maîtresses. Il est difficile de répondre à propos à cinquante personnes qui décochent leurs flèches sur une seule ; ce serait là une des fatigues des classes.

Il faudra pourtant leur faire certains entretiens dans lesquels il leur soit permis de faire des questions sur ce qu'elles n'entendent pas assez bien ; rien ne vous fera mieux connaître le caractère de leur esprit, en discernant celles qui véritablement cherchent à s'instruire d'avec celles qui parlent pour parler, quelquefois même pour embarrasser, et qui sont fertiles en difficultés. Mais il faut que ces sortes d'entretiens soient très rares et qu'on leur en fasse dans lesquels elles n'aient point la liberté de parler, et où l'on aura celle de leur dire ce qu'on jugera à propos. Donnez-leur le plus qu'il sera possible cette maxime de saint François de Sales : parler peu et faire beaucoup.

Je crois vous avoir marqué ailleurs qu'il faut les accoutumer à écrire simplement, succinctement et rarement ; elles ne savent point faire une lettre courte ; je crois qu'elles en seraient honteuses. Il faut leur apprendre à dire les choses en peu de mots, et à ne mettre que quatre lignes quand la matière que l'on veut traiter peut s'y renfermer ; les écritures sont une manière de rompre le silence dont il faut se garder. L'occupation sera le moyen le plus facile de les conduire à ce que je vous demande.

VIII

DES ÉGARDS MUTUELS QUE SE DOIVENT LES MAITRESSES ; L'ÉDUCATION EXIGE BEAUCOUP DE PATIENCE.

Il faut être dans une continuelle attention à ne rien dire qui puisse vous fâcher les unes les autres. Comptez que des choses fort légères peuvent quelquefois blesser le cœur. Dire, par exemple : « J'ai vu une classe bien dérangée aujourd'hui », cela paraît un rien, et cependant afflige une maîtresse. J'en fais présentement l'expérience ; car, dès que l'on dit que les rouges font des fautes, j'en suis contristée. Une fille donc qui se donne bien de la peine dans sa classe, et qui est déjà affligée de ce que ses enfants sont en désordre et de ce qu'elle n'a pu les contenir, n'a pas besoin qu'on ajoute le blâme à la peine qu'elle a déjà de plus.

Il faut remarquer que ce sont des fautes peu importantes que celles sur lesquelles on se récrie souvent (bien qu'on ne les donne pas pour telles aux enfants), car c'est ou que leurs filles auront fait du bruit au réfectoire, ou qu'elles auront été dérangées dans le corridor. Il faut que vous comptiez que cela arrivera toujours. Tantôt ces choses iront mieux, puis elles iront plus mal, et ce sera à recommencer ; enfin, chacun se devrait borner aux choses dont il est chargé, ne rien voir, s'il se pouvait, ne rien examiner, ne rien critiquer, ne point venir jeter à la récréation : « Il est vrai que depuis un temps les ornements sont bien négligés... il y a bien des fruits qui se perdent dans le jardin... » Ne croyez-vous pas que cela soit bien agréable à entendre pour la sacristine et l'économe ? Il ne faut pas compter sur la vertu de ses sœurs jusqu'à ne garder nulle mesure : elles seront peut-être assez attentives sur elles-mêmes pour vous entendre plusieurs fois sans répliquer ; mais leur cœur ne laissera pas d'être blessé, et il arrivera un jour malheureux qu'elles vous répondront une brusquerie qui vous piquera à votre tour, et de là naissent les sécheresses, les aigreurs, les ressentiments ; voilà enfin comme la charité s'altère et se perd.

Celles qu'on met aux classes doivent bien se garder de blâmer la conduite des maîtresses qui les ont précédées, ou de se plaindre que les élèves qui montent à leur classe sont peu instruites ou mal morigénées. Ces raisonnements arrivent pourtant fort naturellement, surtout quand on n'a point encore d'expérience par rapport à l'éducation. « Est-il possible, dira-t-on, qu'on ait laissé des filles dans cette ignorance ? qu'on ne leur ait pas appris à lire, à s'habiller proprement ? » On se persuade que, si on les avait conduites, elles auraient fait des merveilles. Mais attendez, et vous verrez si vous rectifierez tout ce qu'il y aura de mauvais dans celles que vous gouvernez. Vous connaîtrez, à votre tour, que vous ferez des réprimandes sans fruit, des catéchismes merveilleux ; que vous essaierez des moyens les plus propres à insinuer la vérité, et qu'au bout d'un an, vous trouverez des filles qui n'en connaîtront pas mieux leurs principaux devoirs. Il en sera de même de l'orthographe, de la lecture et du travail, et alors vous verrez par vous-mêmes que ce n'est pas toujours aux maîtresses qu'il se faut prendre de l'ignorance des filles. L'instruction est une semence qui fructifie plus ou moins selon la terre où elle tombe. Il ne faut donc ni blâmer les autres, ni s'impatienter soi-même. Le grand nombre des filles qui profiteront doit vous consoler du peu de progrès des autres.

IX

DE L'UNITÉ D'ESPRIT ET DE MÉTHODE QUI DOIT RÉGNER DANS UNE MAISON ; DE L'AFFECTION DES ENFANTS POUR LEURS MAITRESSES.

Ce qui fera que votre gouvernement n'ira jamais bien, c'est la conduite différente des maîtresses. Les unes croiront qu'il faut s'appliquer à former les plus raisonnables ; les autres penseront qu'il serait mieux de s'attacher aux mauvais caractères et aux plus défectueuses ; l'une voudra une éducation dure ; l'autre en voudra une douce et peut-être molle. Tant que cette diversité se rencontrera, je ne dis pas dans les maîtresses d'une même classe (car il ne doit y avoir que la première qui soit maîtresse du gouvernement), mais je dis entre la maîtresse qui a précédé et celle qui lui succède, jamais vos enfants n'auront une éducation solide. Tant qu'elles pourront dire avec fondement : la maîtresse des rouges est douce, celle des vertes est sévère ; l'une ne presse point sur l'ouvrage, l'autre en exige trop ; on tolère à la classe bleue des défauts qu'on attaque dans les jaunes ; enfin, dès qu'elles changeront de conduite en changeant de maîtresse, comptez qu'elles ne prendront jamais de bonnes habitudes ; ce qu'une aura établi, une autre le détruira.

Il faudrait, pour réussir dans votre gouvernement, n'avoir toutes que les mêmes idées, les mêmes maximes, ou du moins, si vous en avez de différentes, être assez humbles pour renoncer à vos sentiments et suivre ceux de vos supérieurs, soutenant ce qui est établi par eux malgré votre propre jugement ; il faudrait un seul esprit qui régnât dans la maison, que vos enfants trouvassent dans toutes les maîtresses une telle conformité qu'elles ne sentissent pas même la différence d'une classe à l'autre. Je sais bien qu'il y en aura toujours à faire des rouges aux bleues ; mais on doit pourtant les conduire par le même esprit, et pour cela il faut se soutenir les unes les autres, ne donnant jamais sujet aux élèves de faire des comparaisons de vous. Je sais bien que vous ne sauriez empêcher qu'elles n'en fassent quand elles voudront parler pour parler, mais je voudrais que vous ne donnassiez jamais lieu de les faire.

Un autre article encore bien nécessaire est de renoncer au plaisir d'être aimée particulièrement des enfants ; on ne doit pas vouloir non plus en être plus crainte et respectée que les autres ; il faut porter le désintéressement jusqu'à n'être pas susceptible du plaisir de sentir qu'elles ont quelque chose de particulier pour vous, et leur montrer en toute occasion que vous êtes si unies les unes avec les autres, qu'elles n'osent jamais s'aviser de vous faire leur cour aux dépens d'une autre maîtresse. Une fille vous dit qu'elle a beaucoup de confiance et d'attachement pour vous; répondez-lui bonnement: je suis bien aise que vous aimiez les personnes que Dieu vous a données pour vous conduire; c'est une bonne marque; cette reconnaissance est dans l'ordre; je me persuade que vous avez les mêmes sentiments pour vos autres maîtresses, puisque vous avez les mêmes raisons de les aimer. Si les filles portent la flatterie jusqu'à vous faire entendre qu'elles vous goûtent bien plus qu'elles ne goûtent les autres, témoignez un si profond mépris de ces bassesses et un si grand désir que vos sœurs ne soient ni moins estimées ni moins aimées que vous, qu'elles connaissent que vous êtes bien éloignées de prendre plaisir à leurs discours.

X

DU ROLE DE LA MAITRESSE GÉNÉRALE.

La maîtresse générale, c'est une charge que j'ai créée. Je pensai que les maîtresses ne pouvaient être trop renfermées dans leurs classes, et que pour cela il fallait charger une personne de tout ce qui concerne les enfants au dehors, qui se mêlât de leur entrée dans la maison, de leur sortie, de leurs lettres, des parloirs, et enfin qui eût la vue sur elles dès qu'elles sont hors de la classe (1). Je dirai donc que je pense de la maîtresse générale ce qu'on dit de la méthode d'oraison, qu'elle est donnée pour aider, et non pour embarrasser, c'est-à-dire que la maîtresse générale doit soulager les maîtresses, aller à leurs classes quand elles la demandent, ou quand il y a quelque chose de conséquence ; mais hors de là n'y guère paraître, et ne point aller les importuner, les laissant faire au dedans de leur classe comme elles l'entendent, car, puisqu'elles ont la peine, il est juste qu'elles en aient l'autorité, et elle leur est même nécessaire pour gouverner les élèves, qui s'en moqueraient bientôt si elles remarquaient qu'elles fussent dépendantes de la maîtresse générale pour les punir et pour les récompenser, et rien ne diminuerait l'autorité des maîtresses particulières comme de voir à tout propos une maîtresse générale les tenir, régir et gouverner. — Mais, si quelque maîtresse corrigeait trop, ou donnait trop de relâchement, ne devrait-elle pas y mettre ordre ? — Comment le saura-t-elle, puisqu'elle doit aller rare-

(1) « Les enfants ne doivent point s'adresser à la maîtresse générale ; il faudrait, pour le permettre, une raison particulière et bien rare ; mon idée pour la maîtresse générale a été qu'elle fît tout ce qu'il y a à faire hors des classes, afin que les maîtresses particulières n'en sortissent point, et pussent avoir auprès des enfants l'assiduité qui y est absolument nécessaire. Encore une fois, la pratique en apprendra bien plus que mes écrits. »   (*A une maîtresse de classe.*)

ment aux classes ? Il faudrait que cela fût bien excessif pour venir à sa connaissance ; et, en ce cas, elle devrait en parler aux maîtresses ou à la supérieure. Je me souviens que quand la maîtresse générale venait aux classes, c'était une nouvelle dont on parlait quinze jours devant et quinze jours après ; elle avait sa robe et ses manches retroussées, et nous tremblions de respect. Ces personnages de grande autorité doivent se rendre rares. Après cela, pourtant, les maîtresses ne doivent point être blessées de voir la maîtresse générale parler aux enfants en particulier. Elle ne saurait pourvoir à leur établissement et connaître ce qui leur convient pour le choix d'un état qu'elle ne juge par elle-même de leurs dispositions ; mais cela ne regarde que la grande classe (1).

Le règlement finit par un article qui dit que « la maîtresse générale est chargée des élèves quand elles sont hors des classes », voulant qu'elles y soient toujours.

(1) « On demanda encore comment il fallait entendre l'article de la constitution qui dit que la maîtresse générale veillera sur la conduite des maîtresses. — Cela s'entend, pour ce qui regarde les enfants, et non pas pour ce qui regarde les maîtresses personnellement ; car, pour être aux classes, ne sont-elles pas toujours du corps de la communauté ?

« Je ne lis rien dans la constitution qui ne soit très conforme à l'idée que j'ai eue pour cet emploi : c'est une intendance générale sur les classes ; qui dit générale ne dit pas particulière. Le règlement dit encore moins : elle doit veiller non seulement sur la conduite des enfants, mais sur celle des maîtresses et faire que tous les règlements soient observés ; tout cela s'entend en général, car on n'a ni prétendu donner une supérieure aux maîtresses des classes, ni que la maîtresse générale entrât dans la conduite particulière des enfants ; le règlement lui marque toutes ses fonctions dans un grand détail. »

8.

J'ai toujours regardé et institué la maîtresse générale comme la protectrice, l'avocate et le procureur des élèves; la protectrice en veillant dans la maison et dans le conseil pour leurs intérêts, en épargnant pour augmenter leur bien, en empêchant autant qu'elle le pourra qu'on ne détourne leurs fonds, en faisant leur condition la plus avantageuse; leur avocate en soutenant leurs droits et parlant pour elles, et en leur faisant donner tout ce que la supérieure a ordonné pour leur nourriture, habillement, meubles, commodités; leur procureur en plaçant leur argent, en le faisant valoir, en écrivant pour elles en toutes occasions. La maîtresse générale assiste les élèves à la mort, parce que la première maîtresse ne pourrait rendre ce service qu'en abandonnant les autres. La maîtresse générale doit faire observer les règlements, voir si les filles sont bien nourries, bien vêtues, si elles ont autant de maîtresses qu'il leur en est marqué, si lorsqu'elles y manquent, les suppléantes les remplacent, si les places du chœur sont toujours remplies; voilà les soins de la maîtresse générale.

Comme elle sera toujours une des premières de la maison par sa place dans le conseil, on a jugé à propos d'établir encore cette autorité entre la supérieure et les classes pour que l'on en menace les élèves et qu'on s'en serve pour des récompenses ou punitions extraordinaires. Mais elle ne doit entrer dans ce détail des classes qu'autant que les maîtresses particulières ont besoin de son conseil et veulent profiter de son expérience.

Il faudrait qu'on menaçât d'elle et qu'on la promît dans les classes. Par exemple, une première maîtresse est malcontente des filles, elle a épuisé toute son autorité : il faut avoir recours à celle de la maîtresse générale et la faire venir pour quelque forte réprimande ou pénitence.

Une maîtresse est contente de sa classe et veut lui faire un grand plaisir, elle prie la maîtresse générale de venir encourager et louer les élèves, ou leur annoncer quelque belle récréation ou récompense. Du reste elle doit tenir la main à ce que les enfants aient tout ce qui est réglé, et s'il faut y retrancher ou ajouter, il faut aller à la supérieure.

Vous voyez bien que si les maîtresses des classes se tenaient à la règle, elles n'auraient pas tant affaire à la maîtresse générale. Ce n'est point à elle à savoir ce que font les maîtresses ni à les reprendre, mais elles doivent entre elles se faire des avertissements. Ce n'est point à la maîtresse générale à se mêler des enfants quand elles vont à l'infirmerie; tout doit se passer entre les maîtresses des classes qui les envoient et les infirmières qui les reçoivent; elles les mettent où elles veulent, elles les renvoient quand elles le jugent à propos, et si elles ont des embarras, elles vont prendre les ordres de la supérieure; la supérieure, pour se soulager, peut envoyer la maîtresse générale pour chercher des expédients, mais comme une autre, car cela n'est point de sa charge.

XI

LETTRE SUR LES DEVOIRS ET LES GRAVES RESPONSABI-
LITÉS D'UNE MAITRESSE GÉNÉRALE; NE JAMAIS PERDRE
DE VUE LA FIN DE SON INSTITUT QUI EST L'ÉDUCATION
DES ENFANTS.

Je suis ravie, ma chère sœur, de vous voir aussi occupée de votre charge que vous l'êtes; mais je vous conjure de ne pas vous abandonner au détail, de façon que vous négligiez de vous remplir de l'esprit de votre institut. Vous goûtez tout ce qu'on vous en dit, cependant je ne vois point jusqu'ici que vous mettiez en usage tout ce qui vous est marqué. Souvenez-vous donc toujours que tout est fait pour les enfants et pour leur éducation, et que tout le reste y doit céder. Il faut qu'elles travaillent; mais il faut encore plus qu'elles apprennent leur catéchisme et tout ce qu'elles doivent savoir; ne souffrez donc jamais qu'elles soient négligées sur les points principaux. Il faut qu'elles servent la maison; mais il faut aussi qu'elles soient servies en tout ce qui va à les veiller attentivement. On veut bien qu'elles plient le linge, qu'elles balayent l'église et le reste, mais en même temps on ne veut pas qu'elles manquent d'une sœur converse pour les servir, parce que c'est une personne de plus pour les observer. Il faut qu'elles aient du feu pour se chauffer, mais encore plus soigneusement de la lumière pour les éclairer. Ayez donc toujours, ma chère fille, devant les yeux la fin de votre institut, et faites plutôt la cuisine vous-même que d'abandonner les enfants. Ne refusez jamais aux maîtresses tous les secours qu'elles vous demanderont pour ce bien essentiel de votre maison, et craignez de répondre des péchés dont vous seriez la cause en ne tenant pas la main à l'observance de tout ce qui a été réglé.

C'est à vous à solliciter auprès de votre supérieure pour les enfants, et c'est là leur grand intérêt; je veux dire le soin qu'elles ne soient jamais abandonnées à elles-mêmes. Vous êtes maîtresse générale et par là chargée de fournir aux Maîtresses particulières tout ce qui peut contribuer à l'éducation chrétienne de leurs filles. Vous êtes du conseil, et en cette qualité vous ne devez jamais perdre de vue la fin de votre institut, et opiner dans cet esprit-là. Abandonnez toujours les petits intérêts en faveur des grands; vos grands intérêts sont cette éducation; sacrifiez-y donc tout le reste.

Prenez plus de femmes de journée pour la lessive plutôt que d'ôter les sœurs des classes, pour ne pas diminuer celles de la lingerie; donnez à travailler au tapissier plutôt que d'y employer une Dame et une sœur au dedans, si cette Dame et cette sœur sont nécessaires aux élèves; appliquez enfin dans les occasions ce qui vous est dit et redit mille fois, que tout doit céder aux enfants. Qu'on ne dise point que c'est les gâter, que de leur faire voir tant d'égards et tant de soins : les soins sont pour qu'elles soient de bonnes chrétiennes, et qu'elles sachent ce qu'elles doivent savoir; les égards sont pour éviter tout ce qui peut les corrompre.

Ce n'est pas par grandeur que vous les suivez partout, c'est par défiance.

Sachez mêler ce qui peut les humilier avec ce qui peut les conserver pures et innocentes. Je prie Dieu de vous éclairer autant que vous en avez besoin.

XII

MÊME SUJET. — DÉTAILS MINUTIEUX CONCERNANT LA GARDE DES ENFANTS ET DES SOINS A LEUR DONNER.

C'est à vous, ma chère fille, à faire observer autant qu'il vous sera possible tout ce qui est contenu dans le *Règlement* et l'*Usage des classes* (1) : vous êtes pour soulager les maîtresses, pour les autoriser, pour soutenir les intérêts des enfants, et pour les faire traiter selon les intentions de notre fondateur; mais trouvez bon que je vous aide à les bien entendre.

On vous a dit et écrit mille fois que tout est fait pour les enfants, et que ce qui les regarde doit toujours être préféré à tout le reste. Vous ne pouvez trop vous remplir de cette vérité. Les enfants

(1) Le Règlement et l'Usage des classes ont été imprimés à Paris en 1712. 1 volume in-32.

sont chez vous ce que sont les pauvres dans les hôpitaux, les séminaristes dans les séminaires, les externes aux Ursulines, les écoliers dans les collèges; tout doit être réglé par rapport à la fin de votre institut, qui est leur éducation.

Cette éducation consiste à les faire de parfaites chrétiennes, à les rendre capables des états où il plaira à Dieu de les appeler, à prendre soin de leur santé. Que votre premier soin soit donc pour ce qui regarde leur salut, et qu'il ne leur manque rien de ce qui peut y contribuer. Veillez pour qu'elles aient des confesseurs ordinaires et extraordinaires, des instructions, des livres, des retraites, et tout ce qui est marqué dans leur règlement et dans le vôtre. Veillez pour faire donner aux maîtresses des classes tous les moyens de les observer, et qu'elles ne manquent pas de tout ce qui peut leur faciliter cette attention continuelle qui ne cesse pas même pendant leur repos. Je prie Dieu qu'elles se dévouent à ce travail au lieu des autres mortifications que leur ferveur pourrait leur inspirer.

Que l'on ne manque jamais d'éclairer les lieux qui peuvent dérober les filles aux yeux des maîtresses; cet endroit est important, et je meurs de peur de ces petites vues de ménage qui se déguisent sous une fausse charité, en disant que ce qu'on dépense en lumières suffirait pour nourrir des pauvres. Vous êtes obligées à veiller vos enfants, et non pas à nourrir les pauvres. On vous a donné votre bien à ces conditions; ne prenez pas le change. Soyez donc fermes sur ce principe. Épargnez quand vous voudrez jusqu'à un fagot à vos enfants, car cette épargne ne va qu'à les rendre moins délicates; mais

en même temps éclairez les lieux où elles sont
avec abondance, afin de ne les perdre jamais de vue.

Vous aurez toujours à soutenir les intérêts des
enfants contre le zèle indiscret qui fera dire qu'il
vaudrait mieux les établir que de leur donner du
ruban ; mais demeurez ferme en tout ce qui est
réglé pour leur habillement qui ne peut être plus
simple. Tenez la main pour qu'elles aient toujours
une sœur converse pour les servir, ou, pour mieux
dire, pour aider aux maîtresses à les observer. On
aurait consenti qu'elles eussent fait elles-mêmes
tout le service des dortoirs et des classes, si ces
devoirs eussent pu compatir à ce qu'elles ont à
faire, et avec la nécessité de les garder à vue. Que
cette sœur change rarement ; il faut qu'elle connaisse les enfants pour en pouvoir rendre compte
aux maîtresses, outre les raisons générales que
vous avez d'éviter les changements fréquents qui
causent toujours quelque désordre.

Ne laissez rien diminuer de la nourriture des
enfants ; demandez même quelquefois qu'on la diversifie un peu, afin qu'elles mangent mieux. Il
faut non seulement les nourrir, mais il faut qu'elles
croissent, et tâchez de leur donner une bonne santé ;
mais évitez le plus que vous pourrez de fatiguer les
dépensières en demandant des choses particulières
et imprévues, et que les maîtresses n'oublient rien
pour empêcher leurs filles d'être délicates. Mais ce
que je ne puis assez vous recommander, et ce que
vous ne pourrez pousser trop loin, c'est le soin que
les classes aient toujours le nombre de maîtresses
qui a été réglé : il faut que tout manque dans la
maison plutôt que cet endroit-là, et dès que vous

vous trouveriez hors d'état de le soutenir, il faut
en avertir vos supérieurs comme de ce qu'il y a de
plus important chez vous; c'est là votre principale
obligation. Il vaut mieux que l'office manque que
la garde des enfants; c'est ce dont je charge votre
conscience à toutes; c'est ce dont vous répondrez
à Dieu; c'est ce que je vous reprocherais devant lui
si vous y manquiez, car il sait si j'ai rien oublié
pour vous faire comprendre que c'est toute la fin
de votre institut.

Quand les maîtresses manquent, donnez des suppléantes, et que ces suppléantes donnent tout le
temps dont on a besoin; les autres emplois seront
abandonnés, il est vrai, mais encore une fois, tout
doit céder aux enfants. Que vous avez besoin que
la droiture règne dans le gouvernement de votre
maison! Demandez-la incessamment à Dieu. Que
les filles ont de pente à s'attacher aux bagatelles et
à négliger ce qui est essentiel!

XIII

CONSEILS AUX MAITRESSES; SURVEILLANCE ASSIDUE; LE
MEILLEUR MOYEN D'ENSEIGNER AUX ENFANTS LA VERTU,
C'EST DE LEUR EN DONNER L'EXEMPLE.

Toutes les maîtresses des classes auront sans
cesse devant les yeux que leur premier devoir, en
leur qualité de maîtresses, et même de religieuses,
est de contribuer, selon leur pouvoir, à la bonne
éducation des enfants, à leur inspirer la vertu, à
les corriger de leurs défauts, à rectifier leurs mauvaises inclinations, à leur apprendre tout ce qu'il
est nécessaire qu'elles sachent, enfin à en faire de
parfaites chrétiennes et à les disposer à remplir
saintement les différents états où il plaira à la Providence de les appeler. Dans cette vue, elles ne
manqueront jamais de veiller sur les enfants, de
les accompagner partout, de ne les laisser jamais
seules, de les tenir toutes réunies autant qu'il se
pourra, et de ne leur permettre pas de s'éloigner
dans le jardin hors de la vue de leurs maîtresses.
Elles se rendront elles-mêmes des modèles que les
jeunes filles puissent imiter, en leur inspirant la
vertu par leur exemple, étant exactes à observer le
silence et les autres exercices de la classe autant
qu'elles le pourront, et montrant en toutes leurs
actions une piété pure et sincère : c'est la seule
conduite que Dieu daigne bénir (1).

(1) « ... Aimez singulièrement le service des enfants ;

Elles se tiendront continuellement en garde contre leurs passions et contre leur humeur; elles auront un grand soin que, sans affectation, leurs yeux, leurs discours, leurs postures, leur extérieur, en un mot, tous leurs procédés soient mesurés, ayant affaire à des yeux clairvoyants à qui rien n'échappe, qui sont toujours portés à juger désavantageusement des personnes qui les reprennent.

Dans toute leur conduite elles feront régner l'esprit de Dieu; elles renonceront à leurs goûts, à la proximité, à l'inclination naturelle, aux agréments personnels des filles qu'elles auront à gouverner, beaucoup plus à la familiarité et à l'apparence des amitiés particulières.

Elles jugeront de tout selon les maximes de l'Évangile, ne feront point acception des personnes, et n'estimeront que ce que Dieu estimera au jour de la récompense; elles détruiront autant qu'il leur sera possible, dans leurs personnes et dans celles des enfants, l'esprit du monde et tout ce qui tendrait à l'entretenir; elles auront un discours simple et naturel, des manières modestes et aisées.

Elles formeront de même les élèves, sans négliger de corriger tout ce qu'il y aura dans leur extérieur, mais ayant beaucoup d'application à tourner leurs cœurs vers Dieu, à leur faire aimer tout ce que Notre-Seigneur a aimé, haïr tout ce qu'il a haï, ce

qu'elles soient continuellement sous votre garde le jour et la nuit; soyez toujours avec elles comme leurs mères et maîtresses, jamais comme des compagnes. Qu'elles prennent sous vous l'habitude de se contraindre : c'est un bien inestimable pour la jeunesse, naturellement ennemie de la règle et de la justice; elle en devient incapable dans un âge avancé. » (*Instruction de l'évêque de Chartres.*)

qui doit se faire pourtant avec sagesse et discrétion.

Pour se prémunir contre la dissipation et contre le découragement, qui sont les deux défauts qu'elles ont à éviter dans leurs emplois, elles seront fidèles à ne point manquer à l'oraison du matin, tâchant d'accorder tout le soin qu'on leur demande pour les enfants avec celui qu'elles doivent avoir pour leur perfection, assistant tour à tour aux exercices de la communauté, et allant chercher aux pieds de Notre-Seigneur la force pour se bien acquitter de tous ses devoirs. Elles penseront souvent que si la fatigue est grande, la récompense le sera ainsi; qu'après tout, c'est à quoi elles se sont engagées, que c'est ce que Dieu attend d'elles et demande à des religieuses enseignantes; qu'elles ne sont pas obligées seulement à instruire des jeunes filles, mais à les élever, ce qui comprend tout le soin des mères envers leurs enfants; que c'est à cette fin que se doit rapporter toute cette maison; qu'il est juste de quitter toute autre affaire pour celle-là, et que si leurs vœux paraissent difficiles à soutenir, Dieu, qui leur a inspiré de les faire, leur donnera pour l'accomplissement tant de grâces et tant de force, qu'elles n'auront pas lieu de se repentir de les avoir faits.

XIV

LA VIGILANCE CONTINUELLE SUR LES ENFANTS EST PLUS DIFFICILE ET VAUT MIEUX QUE LES AUSTÉRITÉS EN USAGE DANS CERTAINES COMMUNAUTÉS ; S'EXAMINER FRÉQUEMMENT SUR CE POINT ET RENOUVELER SES RÉSOLUTIONS.

Faisant ce matin réflexion sur les austérités que plusieurs de vous voudraient faire et qui ne sont pas en usage dans votre maison comme en d'autres communautés, j'ai trouvé que c'en était une bonne que cette vigilance continuelle et sans relâche qu'il faut avoir sur les enfants ; je la crois même plus difficile parce qu'elle est de tous les jours, et que naturellement nous aimons le changement. Il est bien aisé de se relâcher sur ce point, qui est pourtant très important, si on n'a soin de s'y renouveler souvent. Il faudrait le faire dans les retraites, aux grandes fêtes, dans les temps de dévotion, dans les examens, et se demander à soi-même : Ne me suis-je point relâchée sur la veille des enfants pendant cette année, ce mois, cette semaine, aujourd'hui ? ai-je pris garde d'assez près à leur conduite dans cette occasion ? leur ai-je dit ce qui convenait dans cette autre ? ai-je empêché qu'elles ne liassent une conversation ? ou bien ai-je été attentive à ce qu'elles disaient ? ai-je regardé ce que faisaient telles et telles ensemble ? à ce qu'elles écrivaient ? Quand je suis à leurs bandes, pensé-je à leur être utile, prévois-je quelquefois ce que je leur dirai? ne me suis-je point trop reposée sur une sœur à qui je les ai confiées?

Ce renouvellement est d'autant plus nécessaire à faire à présent que vos enfants paraissent plus portées au bien et plus dociles que jamais. Vous pouviez penser qu'il y aurait moins de nécessité à les suivre de si près; mais soyez persuadées que c'est à cause que vous êtes si exactes à les veiller qu'elles sont si aisées à conduire, et qu'aussitôt que vous cesserez de les observer, elles deviendront libertines. Il ne paraîtra pas d'abord grand changement à l'extérieur; elles vous charmeront peut-être même par leur conduite, et vous serez tout étonnées qu'un beau matin vous découvrirez dans le plus grand nombre un mauvais esprit, point de piété et un si grand relâchement, que vous aurez toutes les peines du monde à en venir à bout, et à rétablir parmi elles cette droiture, cette simpli-cité, cette docilité et cette innocence de vie si aimable. Le moyen d'éviter les petits désordres qui pourraient arriver dans vos classes, je vous le redis encore, c'est cette vigilance sans relâche, dans les temps mêmes qu'elle vous paraît le moins nécessaire.

XV

A UNE MAITRESSE GÉNÉRALE; QUE LA VIGILANCE NE DOIT SE RELACHER NI LE JOUR NI LA NUIT.

Ce n'est pas une matière nouvelle que j'ai à traiter avec vous, c'est de la vigilance dont je veux vous entretenir, et que je crains qu'elle ne diminue par la confiance que vous pourriez avoir présentement dans vos filles dont vous êtes contente. Vous ne les conserverez dans l'état où elles sont que par cette vigilance; ne vous fiez jamais à elles; il ne faut pas qu'elles s'y fient elles-mêmes, et si elles veulent conserver leur sagesse, elles doivent désirer d'être veillées. On se trouve seules, on se dit un mot assez indifférent d'abord, il est suivi d'un autre qui ne l'est pas tant, on baisse la voix, et voilà une intelligence qui se forme; vos filles ne demeureraient pas quinze jours dans la règle.

Mais, dites-vous, elles ne seront pas toujours gardées à vue, elles trouveront dans le monde des occasions bien plus dangereuses. Cela est vrai, mais quand Dieu nous y met, il nous aide: elles seront plus fortes à vingt ans qu'à dix-huit; le temps peut beaucoup, et l'éducation qu'elles reçoivent les rendra si timides, que j'espère qu'elles se précautionneront. Enfin, ma chère fille, comptez bien que tout ce que nous avons établi, toutes les inventions que nous avons trouvées, les distinctions, l'émulation, la raison, et, en un mot, ce qui fait cette éducation qu'on admire, n'est rien du tout dès que vous cesserez de veiller jour et nuit. Quand on a cherché à vous soulager, ce n'a pas été pour vous procurer du loisir et du repos, mais pour vous mettre en état de faire ce que vous seule pouvez faire. Vous ne pouvez jamais laisser à une autre le soin de veiller : il faut qu'elles soient gardées par leurs maîtresses, par celles qui les connaissent, et par celles que Dieu en a chargées. Soutenez donc cette vigilance en quelque place que vous soyez, et soyez persuadée qu'il n'y aura de solidité dans vos travaux que par cette voie-là. Vous êtes les pierres fondamentales de l'Institut : ne souffrez jamais qu'on change la manière de gouverner vos classes qu'après bien des représentations du succès que vous en avez vu. Si on vous ôtait des classes, ne croyez pas devoir les oublier et dire : Je n'en suis pas chargée; vous le serez toujours de faire tout ce qui vous sera possible pour continuer ce que vous avez vu établir et ce que vous avez établi vous-même. Prêchez et donnez l'exemple de la vigilance, c'est l'essentiel.

XVI

A UNE MAITRESSE GÉNÉRALE ; AVIS DIVERS,

Joignez à tout ce que Dieu vous inspire une profonde paix et une grande patience dans le bien que vous désirez ; il faut attendre les moments ; ne croyez point que mes conseils puissent vous garantir d'avoir besoin de rien demander à l'avenir : on ne peut prévoir les temps et les circonstances dans lesquelles vous vous trouverez. Ce que je sais bien, c'est que rien ne vous mettra plus en sûreté des nouveautés que l'union qui sera entre vous ; on ne vous proposera rien tant que vous serez toutes d'accord ; croyez donc que vous ne pouvez rien faire de meilleur que de contribuer à cette union et à la dépendance pour la supérieure.

Je ne crois pas qu'il faille faire de nouvelles règles pour le parloir des élèves ; l'inconvénient d'y être un peu trop longtemps n'en vaut pas la peine.

Les délicatesses sont grandes chez vous, mais il faut tolérer bien des choses ; la vertu croîtra et j'espère que la mollesse diminuera ; il vaut mieux que les supérieurs soient trop compatissants que trop rigoureux là-dessus. Vous devez, en toile, en habits et en nourriture, vous conformer le plus qu'il est possible aux enfants. Il est vrai qu'elles seront toujours jeunes et que vous deviendrez vieilles ; mais il est vrai aussi que vous serez toujours religieuses et qu'elles seront toujours séculières.

Il est vrai aussi que je ne cesse de prêcher la régularité et les récréations; je suis persuadée que l'un contribue à l'autre, si vous êtes de bonne foi, dans les classes et dans les autres charges, si vous y donnez toute votre application et vos soins, si vous y gardez le silence.

Il est certain que vous avez besoin de délassements assez fréquents, et que si vous n'en prenez que par l'ordre de vos supérieurs, ils ne vous feront pas de mal; au contraire, vous reprendrez tous vos devoirs avec plus de courage et de ferveur, comme les voyageurs qui marchent bien mieux après s'être un peu reposés. On ne peut trop compter sur la faiblesse humaine, et vous vous tromperez souvent si vous jugez des autres par vous-même. Dieu vous comble de grâces présentement; il vous fera sentir peut-être quelque jour votre faiblesse; ce que je pense là-dessus n'est point pour un besoin présent, c'est pour toujours.

Vous ne vous êtes point trompée sur ce que je pense pour la trop longue convalescence des enfants; j'y ai toujours trouvé trop de délicatesses; votre expérience vous rendra plus ferme.

Je n'ai jamais prétendu qu'on fasse céder la règle aux relâchements des élèves : il faut toujours qu'elles se taisent au son de la cloche et dans les marches, mais je ne voudrais pas qu'on épluchât trop pointilleusement une fille qui dit une parole, et c'est dans ces occasions que je voudrais ne pas tout voir et ne pas tout entendre. Quant aux réponses des enfants aux maîtresses, je punirais sévèrement tout ce qui ne serait pas conforme au respect qu'elles vous doivent. Combien de fois vous ai-je dit que vous deviez les élever en mères, et qu'elles doivent vous respecter en enfants! Souffrirait-on qu'une fille dît en parlant de sa mère : « Elle est plaisante de dire que je parle? » Il n'y a point de petites fautes en pareil cas, mais comptez que vous ne serez jamais respectées que vous ne soyez respectables, et que vous ne le serez que lorsque les enfants vous verront faire votre devoir sans y manquer jamais. Comment respecter une maîtresse qui se cache de ses supérieurs et qui fait autrement en leur présence que lorsqu'ils n'y sont pas?

Les maîtresses doivent préférer l'instruction des filles à tous les bonnets et autres ouvrages...

XVII

SE FAIRE ESTIMER DES ENFANTS, ET NE PAS PARLER DE LEURS DÉFAUTS EN COMMUNAUTÉ.

Un article bien essentiel, c'est la nécessité de vous faire estimer des enfants par une conduite toute religieuse et régulière; comptez que l'empressement que vous avez à vous instruire, et toutes vos questions qui partent d'un si bon fonds et tous les moyens que nous pourrions prendre pour établir une vraie piété, une vertu solide et un bon esprit dans les classes seront sans fruit si vos enfants ne vous estiment pas, et elles ne vous estimeront qu'autant qu'elles vous verront vraiment vertueuses et régulières. Vous ne sauriez croire comme elles sont clairvoyantes sur vos moindres défauts, tout ce qu'elles en diraient, les comparaisons qu'elles feraient de vous autres, comme elles sauraient démêler celles qui sont les plus exactes de celles qui le seraient moins; comme elles diraient : C'est une telle qui nous garde, nous pourrons l'entretenir; c'est cette autre, nous n'aurons pas un mot d'elle. Qu'est-ce à dire cela? sinon une telle est régulière, et l'autre ne l'est pas (1).

(1) «... Ce n'est rien de les instruire, de les prêcher, de les reprendre, si vous ne les édifiez. Comptez que c'est cette conduite édifiante et régulière en tout qui leur fera le plus d'impression. Tout est perdu pour elles et pour vous, si elles peuvent vous reprocher avec justice des irrégularités, des manques de droiture, des bizarreries, des partialités ou des négligences dans les soins que vous devez avoir d'elles. Souvenez-vous toujours, et celles qui viendront après vous, qu'il faut avec les enfants paraître irréprochable. On ne saurait s'imaginer combien ils voient clair, et le peu de cas qu'ils font des personnes qu'ils n'estiment point. Avant le mariage de Mme la duchesse de Bourgogne, les dames du palais couchaient tour à tour dans sa chambre; il me revint qu'elle marquait beaucoup d'éloignement pour une d'entre elles et un grand goût pour quelques autres. Je lui parlai sur les inconvénients de cette préférence, et je tâchai de la porter à avoir plus d'estime pour celle pour qui elle paraissait si mal disposée; mais elle me dit que cela lui était impossible, parce qu'elle n'avait aucune piété. Je lui demandai sur quoi elle se fondait pour en juger si mal. « C'est, dit-elle, que je ne la vois presque jamais prier Dieu : à peine se met-elle un moment à genoux, au lieu que Mme... prie Dieu très long-

Évitez la familiarité avec les enfants, surtout avec les grandes; elle serait très contraire au bon ordre et à la régularité de la maison. Il ne faut pas traiter les novices comme des compagnes avec qui l'on est but à but, quoique vous les ayez pour aider dans vos charges, et si vous leur parlez aussi librement et familièrement que vous le faites entre vous, vous n'en serez jamais respectées. Vous devez toujours vous regarder comme leurs mères.

Il m'est revenu que, dans vos récréations, vous parlez des défauts de vos élèves, sous prétexte, dites-vous, que vous êtes leurs mères; mais ce n'est pas une raison pour divulguer dans une communauté des fautes et des défauts qui peuvent prévenir contre elles et leur nuire beaucoup. Ce sont des filles de seize à dix-huit ans, leur réputation commence à n'être plus indifférente, et vous devez la ménager aussi soigneusement que le christianisme vous oblige à conserver délicatement la réputation

temps, tous les soirs, et fait toujours une heure d'oraison avant de s'aller habiller. » Voilà comment les enfants jugent des personnes qui les gouvernent. Soyez assurées que les vôtres ne sont pas moins clairvoyantes, et que vos enfants n'auront de créance en vous qu'autant qu'elles vous estimeront. Il ne faut pas se persuader qu'on en imposera aux enfants : ils savent démêler la mauvaise foi des personnes qui cherchent des prétextes pour couvrir leurs défauts et leurs passions. La vérité, comme vous savez, perce les murailles, et tôt ou tard elle se découvre, quelque soin qu'on prenne de la cacher. Rien n'est si fort que la vertu; elle ne manque guère de faire son effet; et quoiqu'il paraisse quelquefois qu'elle ne produise rien sur certains sujets, croyez qu'elle ne laisse pas de leur être utile, et qu'ils feraient apparemment encore plus mal si on n'essayait de la leur faire goûter. » *(Entretien avec les maîtresses.)*

de notre prochain ; autrement vous pourriez bien tout bonnement, et sans y penser, être aussi médisantes que dans le monde. Soyez circonspectes dans vos paroles, soyez délicates sur la charité ; vous savez mieux que moi combien il est aisé de pécher considérablement en cette matière : vous en instruisez les autres. Considérez toujours, avant que de parler, si ce que vous allez dire a quelque nécessité ou utilité, ou du moins s'il est innocent. Je ne vois pas à quoi peut servir de parler des défauts de vos élèves ; je vous ai dit quelquefois en riant que je vous abandonnais le prochain *rouge ;* c'est une raillerie. Il est vrai que dans le fond il y a moins de précautions à prendre à l'égard de ces enfants, parce qu'elles sont dans un âge où leurs défauts ne font pas grande impression, surtout lorsqu'ils sont légers, je ferais cependant scrupule de parler de ceux qui sont considérables.

Si vous étiez frappées de ce que quelques défauts s'établiraient parmi vos enfants, ou quelque mauvaise coutume ou manière, je ne trouverais pas mal que vous dissiez en général que vous craignez qu'un tel défaut ne se glisse dans les classes, ni qu'on en cite même des exemples ; cela vous instruit les unes et les autres, vous précautionne ou vous relève ; mais je ne voudrais jamais que l'on nommât les enfants qui ont ces défauts ; je trouverais même moins d'inconvénient à marquer positivement quelle sorte de faute quelqu'une aurait faite que de dire : C'est une humeur difficile, c'est un esprit mal fait, c'est un mauvais caractère, car ces choses-là notent toujours d'une manière très fâcheuse, et ne manquent point de laisser une mauvaise impression (1).

XVIII

QU'IL FAUT TRAITER LES ENFANTS AVEC LES MÊMES ÉGARDS ET N'AVOIR DE PRÉFÉRENCE POUR PERSONNE.

Je vous conjure, mes chères filles, d'établir pour jamais cet esprit dans votre maison; que les soins soient égaux pour toutes, que l'intérêt soit le même, et qu'aucun de ces enfants, que Dieu vous confie, ne puisse se plaindre avec justice d'avoir été moins bien traité que d'autres. J'avais pensé autrefois que vous feriez une bonne œuvre de vous appliquer davantage, quoique d'une manière imper-

(1) «... Ne vous affligez point du mal qu'on dit d'elles, et tirez-en le profit de ne jamais parler en mal de ce qui se fait aux classes. Jugez de la peine que vous feriez par celle qu'on vous fait; vous savez combien de fois je vous l'ai recommandé. C'est vous autres qu'il faut former à la droiture et à la raison; vos filles auront l'esprit que vous leur donnerez, et vous le leur donnerez moins par vos discours que par vos exemples. Soyez donc simples dans tout ce que vous faites; ne vous blessez pas aisément; n'exagérez point ce que vous dites; portez la paix partout; aimez à concilier les esprits; laissez tomber tout ce qui peut fâcher; agissez en tout dans la présence de Dieu et le plus parfaitement que vous le pourrez. Par ces moyens-là, votre éducation fera d'excellentes filles... » *(A une maîtresse.)*

ceptible, à former les filles d'une naissance plus distinguée; je vous l'ai même écrit en quelque endroit; mais, toutes réflexions faites, je pense différemment, présentement, et je persiste à vous recommander d'avoir une conduite égale, et la même attention, le même zèle et les mêmes soins, généralement pour toutes vos enfants; l'expérience nous faisant voir qu'il n'y en a point qui ne puisse parvenir à des places et à des fortunes où tout ce qu'elles auront pu prendre ou apprendre ici de bon ne sera pas de trop. Ce n'est pas une raison parce qu'une fille est excessivement pauvre quand elle vient ici de la laisser là et de s'y moins appliquer qu'à une autre, sous prétexte qu'elle n'en sera que plus malheureuse si elle retombe dans la même misère dont on l'a tirée; croyez que si vous avez soin de l'élever en bonne chrétienne, d'en faire une fille raisonnable et de lui donner le plus de talents qu'il vous sera possible, vous lui rendrez un très grand service; cette piété, cette raison, ces talents lui aideront à porter la pauvreté avec plus de courage, à en soulager une partie, et peut-être à l'en tirer tout à fait, comme nous l'avons déjà vu en plusieurs.

XIX

DE LA JUSTE MESURE QU'IL FAUT GARDER EN TOUT, CE QU'EXIGE L'ÉDUCATION CHRÉTIENNE.

Votre institut est composé d'intérieur et d'extérieur; vous êtes faites pour instruire et pour vous livrer sans réserve à l'éducation des jeunes filles. Comment accommoder cette dissipation avec le recueillement et avec la pratique du silence qui est dans votre règle? Voilà, mes chères filles, sur quoi roulent vos difficultés.

Vous accommoderez tout si vous évitez l'empressement dans vos actions, et si vous prenez le milieu dans votre conduite. Gardez-vous bien de parler continuellement à vos filles; gardez-vous bien de ne leur parler qu'aux instructions; toutes les extrémités sont à éviter; mettez-vous bien dans l'esprit que l'éducation est un ouvrage fort lent, qu'il faut y travailler tous les jours, mais tranquillement, qu'il faut reprendre vos enfants tantôt doucement, tantôt sévèrement, toujours chrétiennement, toujours raisonnablement; qu'après avoir semé, il faut attendre patiemment le fruit qui peut être réservé pour une autre maîtresse ou dans une autre classe. Mettez-vous encore dans l'esprit qu'il faut accommoder leur intérêt avec le vôtre, qu'il faut prendre du temps pour vous recueillir, qu'il faut en employer à vous reprendre pour elles, qu'en tout cela le bon sens et la bonne volonté doit régler. Vous voudriez que tout le fût, et savoir combien de paroles il faut dire et combien de pénitences il faut donner; ce que vous désirez est impossible; il faut faire selon l'occasion, ne se piquer ni d'être sévères, ni d'être douces; il faut donner quatre pénitences publiques par semaine, si on les mérite; il faut être longtemps sans en donner, si on n'y voit point de nécessité; mais ce discernement sera plus aisé à trouver en quatre personnes qu'en seize, et ç'a été une de mes raisons pour rendre les premières maîtresses si absolues. Il faut tâcher d'en donner de raisonnables, et que les autres se conforment à elles, autrement vos classes n'iront jamais bien. J'ai dit souvent et montré moi-même à égayer un peu les instructions, afin de réveiller l'attention des enfants; mais il ne faut pas que cela aille jusqu'à devenir une récréation.

Il ne faut pas accoutumer les filles à faire tant de questions; les avertissements ne sont pas une pratique pour les classes; la meilleure invention que je vous puisse donner pour gouverner vos élèves, c'est de vous en faire estimer, car tant qu'elles vous verront faire des fautes, elles feront des chansons, se moqueront de vous, et auront peu de créance en ce que vous leur direz : on n'en fait point accroire aux enfants, ils voient plus clair qu'on ne pense.

XX

SUR LE DÉSINTÉRESSEMENT ET LA BONNE FOI
QUE REQUIERT L'ÉDUCATION (1).

Ce qui vous manque, c'est d'avoir une sainte institutrice. Je vois bien que vous retiendrez quelque chose de moi, mais c'est à savoir si ce sera quelque chose de bon ; je crains plutôt que vous n'en reteniez un certain tour de raillerie dans la conversation qui m'est naturel, et qui ne convient pas tout à fait à des religieuses. Eh bien ! retenez-en donc cette attention à vous occuper de faire valoir les autres et de chercher en tout à leur être utile, en vous oubliant vous-même, car c'est ce que je voudrais vous inspirer, et ce que je crois le

(1) « Madame ayant eu la bonté de nous accorder une de ces journées que nous appelons les récréations de Madame, parce qu'elle demeure avec nous pendant quelques heures ; on travaille, on lit, on chante, on cause, selon la règle qu'on a faite pour ce jour-là ; elle commença par nous dire qu'elle avait bien à cœur d'établir l'autorité des premières maîtresses, et de convaincre les subalternes que c'est cette première qui doit répondre de tout, qu'ainsi il faut qu'elle tienne ce qu'on appelle les rênes du gouvernement, que les autres doivent à la vérité travailler avec elle, mais dépendamment d'elle, et qu'enfin elle doit être dans sa charge comme la supérieure est dans toute la maison. Une de nos sœurs demanda s'il fallait étendre son vœu d'obéissance jusqu'à ses premières officières, et se faire un devoir de leur obéir à l'aveugle, comme on le doit à l'égard de la supérieure. Madame répondit : « Dès que ce qu'elles ordonnent n'est pas contraire aux constitutions et aux règlements, les maîtresses subalternes doivent obéir à la lettre ; mais si ce qu'elles exigent y paraît opposé

plus nécessaire dans votre maison pour bien exercer vos charges. En même temps, par exemple, que je prêche aux maîtresses subalternes d'être tout occupées de faire valoir l'autorité de la première, en se comptant elles-mêmes pour rien, je voudrais aussi que cette première fît son affaire de former ses aides, particulièrement la seconde; qu'elle lui dît ses vues, ses desseins, sa conduite, et que de bonne foi elle ne négligeât rien pour la rendre capable de remplir sa place, bien éloignée de se faire un plaisir d'entendre, après qu'elle sera sortie de sa charge : Ma sœur *N.* faisait bien mieux.

Si l'on s'examine bien, l'on trouvera quelquefois que, sans y penser, l'on se laisse aller à des sentiments qui partent d'un fonds de dureté très criminel aux yeux de Dieu, et c'est sur cela que je voudrais que les Dames s'examinassent, et qu'au lieu de se casser la tête pour démêler si une distraction a été volontaire, elles commençassent leur examen par les sept péchés mortels, les dix com-

ou qu'il y ait quelques bonnes raisons de ne le pas exécuter, on peut faire ses représentations, puisqu'on a bien cette liberté à l'égard de la supérieure, pourvu qu'après la représentation, l'on se soumette et l'on demeure en paix. Si les choses en valaient la peine, il en faudrait avertir la supérieure. »

« Les premières officières ayant dit qu'elles croyaient qu'on ne pouvait avoir plus de déférence ni leur obéir plus exactement que le faisaient les maîtresses subalternes, Madame répondit : « Je m'aperçois avec plaisir qu'on se conduit bien sur cet article; mais j'appréhende qu'on ne se rende sur cela à mon sentiment par soumission et par déférence, et non par conviction et par la persuasion de la droiture et de la nécessité de cette conduite; car vous savez, ajouta-t-elle, que j'aime mieux persuader que soumettre, et qu'on me reproche que ma folie est de vouloir faire entendre raison à tout le monde. » (*Instruction aux dames.*)

mandements de Dieu, ceux de l'Église et les vœux de la religion.

— Quels péchés pourrait-on faire contre son vœu d'instruction? — Ces péchés regardent principalement les premières maîtresses et seraient par exemple de négliger l'éducation des enfants, de se contenter d'un certain arrangement extérieur de la classe, faire lever les filles à l'heure marquée, les mener à l'église, les y tenir dans une posture composée qui charme ceux qui les voient, leur faire faire leurs exercices dans la classe; mais du reste ne se pas mettre beaucoup en peine de les rendre raisonnables, de leur apprendre tout ce qu'elles doivent savoir, de leur donner de bons principes qui leur restent toute leur vie; leur laisser prendre des méchantes habitudes, ne pas prendre tout le soin possible pour déraciner leurs mauvaises inclinations et leurs vices, ne pas rompre leur humeur, crainte de se commettre, ne pas relever leurs fautes ou le faire trop mollement, crainte d'en être moins aimées, et les livrer trop à elles-mêmes pour s'éviter la peine de s'en occuper au point qu'on le doit; voilà ce que je crois de plus dangereux dans une première maîtresse; s'attacher trop à un ordre extérieur, qui fait croire qu'une classe va à merveille pendant que dans le fond les filles ne sont formées sur rien, qu'on tolère des défauts très considérables, crainte qu'en les approfondissant on ne fût obligée de faire de fortes punitions et un éclat qui parût à toute la maison. Je sais bien qu'avant d'en venir là il faut avoir essayé vingt fois de la douceur, et c'est à quoi je vous exhorterai toujours.

— Et les subalternes, quels sont leurs péchés? — Les péchés des maîtresses subalternes par rapport aux enfants seraient de ne pas assez veiller, de ne pas remarquer leurs fautes, de ne les pas reprendre, de ne pas avertir fidèlement la première de celles qui le méritent, par négligence ou par mollesse, de se contenter de demeurer à une bande sans s'occuper de bonne foi de les former et de les instruire, enfin de ne pas se donner tout entière à leur éducation.

XXI

DE LA MANIÈRE DE CONDUIRE LES JEUNES FILLES A DIEU; PIÉTÉ DOUCE, AIMABLE ET GAIE.

C'est à vous à planter dans ces jeunes cœurs la connaissance et l'amour de Dieu; de ces premières impressions dépend souvent le salut, car c'est une étrange peine d'avoir à changer et à réparer dans un âge plus avancé le mal qu'on a fait et les idées qu'on a eues. Tournez donc vos enfants uniquement à Dieu, et qu'elles soient conduites selon l'esprit et les maximes de l'Évangile, les accoutumant cependant à n'en parler jamais qu'avec un grand respect. Je crains pour vous et pour elles la tristesse; il faut leur montrer une piété douce, aimable et gaie. Ne soyez point sévère, ayez Notre-Seigneur pour modèle, et attirez-les toutes à lui par votre exemple. Donnez à vos jeunes enfants des pratiques ou par mois ou par semaine, comme, par exemple, l'humilité, la ferveur, le silence, la patience, etc. Ces diversités les rendent plus appliquées, et quoiqu'il entre beaucoup d'enfance et d'imperfection dans leur attention, elles prennent pourtant de bonnes habitudes qui les forment peu à peu. Quand elles auront passé une semaine en silence, elles auront moins de peine à le garder. Il faut les exhorter sans les contraindre et sans les punir, mais louant celles qui sont recueillies, je dis pour le silence de surérogation, car je ne touche pas au règlement.

Quelle joie pour moi de vous entendre dire que vous êtes désabusée du beau langage et de toutes les délicatesses! Dieu soit béni de faire ainsi tous les jours des miracles en nous! J'en vois d'aussi marqués que la résurrection d'un mort, et je vois aussi des punitions effroyables.

Je crois, comme vous, que toutes les Religieuses, ou au moins le plus grand nombre, sont très résolues de se donner à Dieu tout de bon et sans réserve; elles avanceront dans ce dessein à proportion de leur humilité; vous pouvez beaucoup y contribuer par votre exemple, et je crois que Dieu le demande de vous ; nous avons là-dessus un grand chemin à faire.

XXII

ENCORE DE LA PIÉTÉ; ENFANTS INDOCILES ET MONDAINES; FIDÉLITÉ, BONNE FOI, HONNEUR CHRÉTIEN.

Vous êtes trop affligées des défauts qui sont encore dans nos enfants; Dieu veut qu'on agisse pour lui plus paisiblement, et sans s'attacher trop au succès et à la satisfaction d'avoir réussi à ce qu'on a entrepris.

Mais il faut aussi, avec cette paix au fond du cœur, ne rien oublier pour mettre les classes sur le pied où vous les désirez. Nous ne prétendons point assembler ici une troupe de libertines, d'espiègles de couvent, qui vivent comme des écoliers; on le souffre de filles qui payent des pensions, qui ne sont qu'en passant, qu'on ôte à un certain âge, et dont on n'est point chargé de l'éducation; mais ici c'est la charité qui les assemble.

Il faut répondre à une intention si sainte, il faut que **tout** ce qui se fait dans cette maison se ressente de ce motif de charité qui l'a établie, et que le principal soin soit d'inspirer le christianisme à nos filles et les accoutumer à voir selon les maximes de l'Évangile. Voyez-en l'excellent modèle que M. l'abbé de Fénelon (1) nous présente

(1) L'auteur de l'*Éducation des filles* était très goûté de Mᵐᵉ de Maintenon, qui le consulta souvent sur Saint-Cyr et l'invita à y faire des instructions.

dans l'écrit qu'il a fait pour cette communauté. Voici comment il parle de ce temps bienheureux où toutes les familles vivaient comme on vit présentement ou comme on doit vivre dans les maisons régulières : « On se taisait, on priait, on travaillait sans cesse des mains, on obéissait aux pasteurs ; point d'autre joie que celle de notre bienheureuse espérance pour l'avènement du grand Dieu de gloire, point d'autres assemblées que celles où l'on écoutait les paroles de la foi, point d'autre festin que celui de l'agneau suivi d'un repas de charité, point d'autres pompes que celles des fêtes et des cérémonies, point d'autres plaisirs que celui de chanter les psaumes et les sacrés cantiques, point d'autres veilles que celles où l'on ne cessait de prier. O beaux jours ! quand vous reverrons-nous ? Qui me donnera des yeux pour voir la gloire de Jérusalem renouvelée ? »

Otez celles qui n'en sont pas capables, et dont l'esprit vain et superbe ne peut se soumettre à cette vie simple et innocente, qui est pourtant la vraie grandeur.

Ne vous faites point de scrupule d'en perdre plusieurs pour établir dans la maison une si sainte pratique ; on n'aura jamais plus d'autorité que nous en avons présentement pour faire tout ce qu'on croit qui sera utile dans la suite. Otez les filles qui ne respirent que le monde, qui veulent en parler et s'en occuper, qui entraînent les autres par leurs discours et par leur exemple ; ôtez ces beaux esprits qui dédaignent ce qui est simple, qui s'ennuient de cette vie uniforme dans les plaisirs doux et innocents, et qui désirent de faire leur volonté.

Ce ne sont pas toujours des crimes, mais ce sont des caractères d'esprit qui détruisent tout le bien; les autres sont honteuses de le pratiquer et se regardent comme de petits esprits. Tâchez d'établir entre elles une grande union, une grande charité sans liaisons particulières, une grande honnêteté les unes pour les autres sans compliments; ne souffrez point celles qui sont chez vous malgré elles et prenez des mesures pour les renvoyer.

Que la piété qu'on leur inspirera soit gaie, douce et libre; qu'elle consiste plutôt dans l'innocence de leur vie, dans la simplicité de leurs occupations, que dans les austérités, les retraites, les délicatesses sur la dévotion et les raffinements.

Qu'elles parlent peu de la piété, qu'elles fassent beaucoup, qu'elles soient unies entre elles, qu'elles se conduisent par les règles de l'Évangile, qu'elles se préviennent d'honnêteté, qu'elles ne disputent point, qu'elles haïssent le monde, puisque notre Seigneur l'a haï, je dis même celles qui ont dessein d'y retourner; la piété est utile à tout et les rendra bonnes religieuses, bonnes femmes et bonnes mères.

Accoutumez-les à être ménagères, agissantes, adroites, fidèles dans les plus petites choses comme dans les plus grandes, exactes, véritables jusqu'à s'accuser elles-mêmes quand il convient, remplies d'honneur, de bonne foi, de probité, mais de cet honneur chrétien qui n'a rien de superbe ni de païen.

———————

XXIII

FAIRE DES ENFANTS DE BONNES CHRÉTIENNES; BONTÉ ET FERMETÉ DANS LA MANIÈRE DE LES CONDUIRE.

Je n'ai rien à vous souhaiter de particulier, si ce n'est que vous sachiez joindre la vie intérieure absolument nécessaire pour le salut à la vie active absolument nécessaire pour votre institut. Gardez donc la présence de Dieu le plus que vous pourrez; mais ouvrez les yeux sur vos filles, et occupez-vous de leur instruction, non pas de leur instruction religieuse (1), car elles n'y sont pas appelées; faites-en de bonnes chrétiennes; attaquez leur humeur, c'est ce qui a le plus besoin d'être éprouvé. J'ai peur que vous ne craigniez trop de les fâcher. Il ne faut pas, en effet, les pousser trop loin, ni vouloir de sang-froid les fâcher; mais il faut rompre leur volonté, et si cela les fâche, vous les connaîtrez par là, et vous les traiterez le mieux que vous pourrez. Priez beaucoup pour elles dans vos retraites.

Ne soyez pas pointilleuse pour épier toutes leurs fautes. Ce qui est sûr, c'est que vous êtes véritablement religieuse, et qu'il faut affermir votre établissement par une solide piété; vous avez des secours de tous côtés proportionnés à vos besoins.

Lisez et relisez les écrits de Fénelon; soyez en garde contre votre promptitude; il est vrai que vous

____

(1) C'est-à-dire relative à la vie religieuse.

êtes naturellement sévère, cela est bon jusqu'à un certain point. Soyez ferme, grave et silencieuse, à la bonne heure; cette conduite vous fera estimer et craindre par les enfants beaucoup plus que les pénitences.

Souvenez-vous toujours qu'il ne faut pas tout voir, et que plus les punitions seront rares, plus elles feront d'effet; apprenez à distinguer les fautes qui sont de conséquence de celles qui n'en sont pas. Demandez à Notre-Seigneur des lumières, il ne vous les refusera pas.

———

XXIV

A UNE MAITRESSE; DE LA CONSCIENCE DROITE, SIMPLE, OUVERTE ET DOCILE.

Vous avez de la peine à accorder deux choses que vous trouvez opposées : l'une, que vous devez former autant que vous pourrez la conscience de vos filles à être simple, ouverte et droite; l'autre, qu'il ne faut pas les rendre discoureuses.

Il n'y a point d'opposition, ce me semble, entre les deux conseils : ce ne sont pas les plus franches qui ont le plus à dire. La franchise ne consiste pas à dire beaucoup, mais à dire tout, et ce tout est bientôt dit quand on est sincère, parce qu'il n'y a pas grand avant-propos, et qu'il ne faut point employer beaucoup de paroles pour ouvrir le cœur. Une personne simple dit naïvement ce qu'elle a sur le cœur, et quand même elle serait un peu scrupuleuse, elle se calme par l'obéissance, et quatre mots lui suffisent. Celles qui ne sont pas simples ne peuvent se résoudre ni à parler ni à se taire; il faut leur arracher leur confiance, et on se perd dans leurs tours et détours ; c'est ce qui fait ces longues conversations et ces retours à confesse : on a dit, mais on n'a pas tout dit, on n'a pas voulu dire une circonstance, et puis la peur prend de ne l'avoir pas dite, et on vient la redire ainsi que plusieurs autres. Un cœur droit dit dès la première fois tout ce qu'il sait. Ne voyez-vous pas que les plus franches sont les plus tôt confessées ? elles ne cachent rien, et le confesseur, qui connaît cette disposition, a peu de chose à leur dire.

Tout cela, ma chère fille, est de même pour les premières maîtresses : il faut dire peu à vos filles, il faut les accoutumer à peu dire d'abord, et à ne se pas embarrasser de n'avoir rien à dire, à ne point chercher de quoi dire, à louer Dieu d'avoir peu à dire, car c'est la simplicité. Ces personnes-là doivent dire à ceux qui les conduisent : Je n'ai rien à vous dire, mais si vous voulez me faire des questions, j'y répondrai, car je ne veux rien cacher. Cette disposition à ne rien cacher est cette ouverture, cette droiture, cette simplicité que l'on demande et qui est si agréable à Dieu. Vous voyez bien qu'elle ne consiste donc pas à beaucoup parler. Vous ne pouvez trop vous opposer à ce défaut, il est grand, et les conséquences en sont encore plus grandes.

XXV

QU'IL NE FAUT PAS FATIGUER L'ATTENTION DES ENFANTS PAR DE TROP LONGUES PRIÈRES ; DE LA VIVACITÉ ET DE LA LÉGÈRETÉ.

Il serait imprudent de faire entendre deux messes à des petites filles ; elles s'ennuieraient et ne feraient que badiner. Les enfants ne sont pas capables d'une longue attention ; il ne faut pas les lasser de prières ; cela dégoûte de la piété, quelque chose qu'elles demandent là-dessus. Car souvent c'est par hypocrisie, pour gagner les gens à qui elles ont affaire ; elles connaissent si vite le goût de la gouvernante et de la maîtresse !

Mais, mon Dieu, ne se souvient-on point de sa jeunesse, et combien on s'est ennuyé parfois à l'église ? Combien on avait de peine à s'appliquer à écrire, à travailler ? comme on se lassait des choses sérieuses ? enfin, combien on pensait différemment de ce qu'on pense ?

Je ne comprends pas l'injustice d'exiger des autres ce qu'on sait bien, en sa conscience, qui coûtait tant à faire. Je ne dis pas qu'on n'oblige point les enfants d'apprendre tout ce qu'il faut qu'ils sachent, ou qu'on ne les mène point à l'église, parce que cela leur fait de la peine, mais je ne voudrais pas qu'on en fût étonné, qu'on les pressât trop, qu'on ne leur donnât jamais de relâche, ou qu'on jugeât qu'une fille est légère parce qu'elle sort volontiers

de son banc, ou qu'après avoir lu quelques lignes,
elle regarde un oiseau qui vole. Cette vive vaudra
peut-être mieux qu'une sournoise qui vous paraît
plus sage. Ce n'est pas même parler juste de dire
qu'une « rouge » est légère, car cette joie, cette vivacité, ce pétillement des enfants, qui fait qu'ils ne
peuvent demeurer en place, est un effet de la jeunesse : on est ravi de se sentir jeune, d'avoir de
la santé ; on n'a rien dans l'esprit ; si quelque chose
fâche, cela ne dure guère. On ne saurait bien juger
qu'une personne est légère qu'elle n'ait dix-huit ou
vingt ans ; la légèreté est proprement dans les sentiments et dans la conduite : c'est de ne pouvoir se
fixer, de vouloir tantôt une chose, tantôt une autre,
de ne rien suivre. Les personnes légères sont encore
sujettes à des engouements ; elles veulent les
choses avec passion et s'en dégoûtent de même
fort vite ; il vaut mieux être modérée, aller plus
doucement et marcher toujours. Il ne faut pas, encore une fois, s'étonner ni s'inquiéter de la vivacité
des jeunes personnes, et si vous voulez, de leur
légèreté ; elle passe si vite, on devient si fort
sérieuse ; l'âge, les affaires, les chagrins modèrent
bientôt cette joie de la jeunesse ; chacun l'a éprouvé
en soi-même.

XXVI

DE LA MANIÈRE D'OCCUPER LE TEMPS QUI PRÉCÈDE LA MESSE; PARLER AUX ENFANTS EN PARTICULIER.

Il faut remplir le temps vide qui précède la messe de ce que la maîtresse juge à propos sans vous lier là-dessus par un règlement; on peut mener les enfants au jardin ou dans une cour quand il fait beau, les faire chauffer quand il fait froid, les faire repasser leurs leçons, afin d'avoir plus de temps à écrire, les faire marcher et répéter des révérences, ou quelque cérémonie quand elles s'y négligent. Enfin, c'est à la maîtresse à remplir cette heure comme elle l'entendra; ne vous gênez pas trop et louez Dieu, ma chère fille, de ne voir aucun vice; ne vous lassez point de reprendre et d'attendre; parlez souvent et succinctement en particulier à vos filles, quelquefois dans votre cellule, et plus souvent dans un coin de la classe. Évitez qu'elles se parlent en secret; ne négligez jamais les instructions publiques, et priez pour elles.

XXVII

AUTORISER LES ENFANTS A S'ASSEOIR PENDANT LA MESSE

Je suis bien contente du soin que nos Religieuses prennent d'observer ce que les enfants font au chœur : cette application m'édifie plus que si elles étaient en extase, mais il ne faut pas qu'elles soient si exactes à les empêcher de s'asseoir pendant la messe : la plupart des enfants se trouvent mal à genoux, et quand il fera chaud, elles s'évanouiraient tout à fait. Il faut remarquer si ce sont toujours les mêmes; et, si d'ailleurs elles sont lâches et indévotes, il faut les exhorter à se contraindre peu à peu pour être respectueusement devant Notre-Seigneur. Il faut leur apprendre à prendre pour ce petit repos d'autre temps de la messe que celui du sacrifice, et après tout il vaut mieux que quelques-unes abusent de cette tolérance que de faire mal à celles qui sont véritablement délicates. Ceci n'est que pour les maîtresses, les élèves doivent l'ignorer (1).

(1) « Il faut exiger des enfants une très grande modestie, et qu'elles entendent la messe à genoux. Il est aisé de voir si celles qui s'appuient sont faibles, délicates et sortant de l'infirmerie; il faut condescendre à celles-là en les exhortant à se contraindre. Ne soyez pas blessée du grand nombre; j'aimerais mieux en voir vingt assises dans les temps de maladies que deux par lâcheté; guérissez-vous en tout de l'envie de paraître. »   (*A une maîtresse de classe.*)

XXVIII

QU'IL FAUT SE PRÉMUNIR CONTRE LE DÉCOURAGEMENT;
OCCUPER LES ENFANTS ET TRAVAILLER AVEC ELLES.

Il faut compter que, malgré vos soins et vos instructions, vous aurez des filles qui se perdront; il
n'en faudra qu'une de ce caractère pour faire murmurer tout le monde contre votre éducation; quand
il n'y en aurait pas qui portassent si loin le dérèglement, il est toujours vrai qu'il y en aura un
grand nombre en qui vous ne verrez pas sitôt le
fruit de votre travail.

Mais si vous avez besoin de fermeté et de courage, pour ne vous point abattre par le mauvais
succès ou par l'incertitude où Dieu laisse même
quelquefois d'avoir fait ce qu'on aurait pu faire
pour conserver les unes, et pour en ramener une
autre de l'égarement, vous avez aussi de grands
sujets de vous consoler en celles mêmes qui ne
marcheraient pas d'abord dans la vérité; car, outre
que Dieu ne récompense pas votre travail par rapport au fruit qu'il produit, il est certain que ce
serait encore pis si elles n'avaient eu nulle éducation. Il est rare que des personnes qui ont connu
la vérité ne reviennent pas, et ne soient touchées
dans de certains moments favorables, quand même
elles auraient fait de grands écarts.

Je trouve encore que c'est une grande consolation de les avoir préservées jusqu'à vingt ans de la

corruption du siècle; il y a peu de filles de cet âge dans le monde dont on n'ait parlé; et quand ce serait sans fondement, c'est toujours leur rendre un grand service de les y mettre avec une réputation sans tache qu'il y a lieu d'espérer qu'elles y conserveront, car l'âge où elles sortent d'ici est un âge où une fille est formée pour l'ordinaire, et elles y passent les années les plus dangereuses de leur vie.

Il faut donc qu'animées par les grands avantages de votre état, vous passiez par-dessus toutes les difficultés qui s'y trouvent. Il faut avoir une patience sans bornes pour attendre celles qui ne font pas aussi bien que les autres; nous en avons déjà tant vu qui, après avoir fort mal fait et nous avoir donné bien de la peine, sont présentement de bonnes religieuses, ou font fort bien dans les autres places où la Providence les a conduites.

Un des meilleurs moyens de les contenir, c'est de les occuper, les faisant travailler avec douceur, travaillant avec elles pour leur apprendre à bien faire l'ouvrage que vous leur commettez, et pour qu'elles n'aient jamais lieu de croire que vous les surchargez pour éviter le travail que vous pourriez prendre. Il faut pourtant là-dessus être raisonnable; il y a des rencontres où il faut les laisser faire, et où il suffit de voir comment elles font; la discrétion et la bonne foi doivent vous régler dans ces rencontres, et alors je suis sûre que les enfants seront assez raisonnables pour n'être point blessées de ce que vous les ferez travailler.

XXIX

A UNE MAITRESSE DE CLASSE.

Vous parlez trop et trop vite dans vos instructions ; il est impossible que vos filles puissent vous suivre ; vous ne les faites point assez parler ; c'est par ce qu'elles vous diront que vous connaîtrez si elles profitent. Appliquez-vous à parler en peu de mots : il ne faut pas dire tout ce qui se présente, quoique très bon (1). Je vous ai souffert un visage triste, sérieux, sec et chagrin, parce que j'ai cru que la peine que vous aviez à vous dissiper dans les jours d'un si grand recueillement pouvait y contribuer ; mais après Pâques il faut avoir un ton gai, ou du moins tranquille, et des manières d'une bonne mère avec ses enfants.

Vous leur parlez avec une sécheresse, une brusquerie qui vous fermera tous les cœurs ; il faut qu'elles sentent que vous les aimez, que vous êtes fâchée de leurs fautes, pour leur propre intérêt, et que vous êtes pleine d'espérance qu'elles se corri-

(1) « ... Vous êtes encore assez jeune pour tâcher de vous corriger de votre parler si vite qu'on ne vous entend presque pas, et cela par votre activité qui voudrait dire cent paroles en un moment. Comment apprendrez-vous aux enfants à se posséder en tout si vous ne vous possédez pas ? Je sais que c'est par zèle, mais il faut se posséder de son zèle et n'aller pas plus loin qu'on ne veut. Attaquez donc cette prolixité et laissez à Dieu le soin de faire entrer dans le cœur de vos filles les vérités que vous leur dites. » (*A une maîtresse.*)

geront; il faut les prendre avec adresse, les encourager, les louer, en un mot, il faut tout employer, excepté la rudesse, qui ne mène jamais personne à Dieu. Vous êtes trop d'une pièce, et vous seriez très propre à vivre avec des saints; mais il faut savoir vous plier à toutes sortes de personnages, et surtout à celui d'une bonne mère qui a une grande famille qu'elle aime également.

J'ai remarqué, il y a quelques jours, en vous entendant expliquer l'Évangile, que vous embrassiez trop de matières; il en faut peu pour des enfants; vous parlez trop aussi, et je crois qu'il faudrait les faire parler davantage pour voir s'ils entendent et s'ils comprennent. Je trouvai encore que vous étiez trop éloquente; par exemple, vous dites qu'il fallait faire un divorce éternel avec le péché; cela est vrai, et bien dit; mais je ne crois pas qu'il y ait trois filles dans votre classe qui sachent ce que c'est qu'un divorce; soyez simple et ne songez qu'à vous rendre bien intelligible.

Inspirez, je vous en conjure, à vos enfants, les pratiques de piété que j'ai toujours désirées chez vous, l'horreur du péché, la présence de Dieu, la docilité de se laisser conduire. Je vous demande encore de les conduire selon l'esprit de l'Église. Ayez dans les classes une conduite uniforme, autant qu'il se pourra, et communiquez-nous tout ce que vous faites; n'innovez rien; vous ne pouvez comprendre combien vous rendrez par là le gouvernement des classes facile pour les maîtresses.

XXX

NE PAS CRAINDRE DE DIRE QU'ON NE SAIT PAS.

Quand il arrive que les enfants nous demandent quelque chose que nous ignorons, il ne faut nullement s'embarrasser de leur dire qu'on ne le sait pas ; cette simplicité ne peut nuire. On n'est point obligé de tout savoir, et il faut leur apprendre à elles-mêmes qu'il vaut mieux paraître ignorantes que de faire l'habile.

Pour moi, je ne m'en embarrasserais pas du tout. Si ce qu'elles demandent était une chose curieuse ou qu'elles dussent ignorer, je leur dirais : Je n'en sais pas assez pour éclaircir votre question ; mais je le saurais, je me garderais bien de vous dire une chose qui ne servirait qu'à nourrir votre curiosité. Si elle était nécessaire à leur dire, je leur promettrais de m'en instruire et de la leur dire après.

XXXI

Ne songez présentement qu'à vous, et à modérer votre zèle pour vous recueillir; j'espère que je vous dirai un jour : Oubliez-vous pour penser aux autres. Il faut nous traiter selon nos besoins. Gardez un grand silence dans la classe avec vos sœurs ; ne pensez point sitôt à les former, vous le ferez même mieux par l'exactitude à vos règles et en leur montrant par votre exemple qu'il ne faut pas beaucoup parler. Placez ce que vous avez à dire aux enfants dans vos instructions générales, et quand vous leur parlerez en particulier, ne le faites pas trop longtemps à chaque fois. Ne croyez pas les persuader à force de paroles : dites ce que vous croyez bon, et priez pour elles; semez sans vous rebuter, vous recueillerez quand il plaira à Dieu. Du reste, dans le cours de la journée, reprenez-les en peu de mots, et faites de même quand vous voulez leur apprendre quelque chose. J'ai vu un écrit, où l'on explique fort bien le silence que les maîtresses doivent garder entre elles, et la liberté de parler aux enfants.

Votre cœur est bon, votre esprit est bien fait, vous aimez votre institut ; rendez-vous donc capable de servir à la gloire de Dieu. Saint François de Sales répond à une dame qui lui mandait qu'elle ne pouvait arrêter l'extrême vivacité de son esprit :

« Il faut pourtant l'arrêter, ma chère fille. » Cet homme si condescendant ne se rend point là-dessus ; et vous qui aimez tant ses écrits, vous voyez partout combien il prêche contre le trop grand empressement, même pour le bien.

XXXII

QU'IL NE FAUT PAS SURCHARGER LA MÉMOIRE SOUS PRÉTEXTE DE REMPLIR L'ESPRIT DE BONNES CHOSES.

Il ne faut jamais se piquer de faire briller les filles en leur faisant apprendre plusieurs choses par mémoire ; c'est une vanité qui est ordinaire aux personnes qui élèvent les enfants ; elles croient par là en faire de petites merveilles. Et, en effet, on les admire. Mais il est très dangereux de pousser trop les enfants sur cet article ; on leur fait faire quelquefois des efforts de tête qui nuisent beaucoup à leur santé, qui pourraient détraquer leur esprit. Et, après tout, cela n'est pas fort utile ; il vaut mieux que vos filles sachent moins de choses et qu'elles les comprennent, et que les maîtresses s'occupent davantage de former leur jugement que de remplir leur mémoire.

— Serait-il bon de faire apprendre aux enfants le Nouveau Testament par cœur ?

—Le Nouveau Testament est un livre si sacré qu'il ne doit être lu que par les pesonnes qui ont assez de raison et de piété pour s'en nourrir; il ne le faut pas lire indifféremment comme un autre livre, seulement pour se remplir l'esprit, mais il faut en lire peu et méditer beaucoup; ainsi, je ne le permettrais point dans les petites classes; il suffit de leur faire apprendre par mémoire l'épître et l'évangile des fêtes et des dimanches, et quelques autres endroits choisis. Je n'en permettrais la lecture dans les grandes classes qu'à celles qui se distinguent par leur piété, encore ferais-je attention à leur donner ceux qui seraient les plus clairs et ne leur laisserais-je point lire les obscurs dont elles pourraient abuser, tels que sont certaines épîtres de saint Paul et l'Apocalypse. Si vous en rendez la lecture commune, elles ne feront aucun discernement de ce livre divin d'avec les autres; elles n'en seront plus frappées quand elles seront en âge de le goûter. Notre infirmité a besoin d'être excitée par quelque chose de nouveau; et qu'aurez-vous à leur donner quand elles seront grandes, si vous leur prodiguez ce qu'il y a de plus excellent dans un âge où elles ne peuvent encore en concevoir le prix? Il serait utile de leur faire apprendre par cœur les psaumes; ils leur fourniraient l'esprit de saintes aspirations, elles n'en pourraient guère abuser. L'*Imitation* est encore un excellent livre à leur faire goûter.

XXXIII

DES ÉLÈVES QUI CHANGENT DE CLASSE; QU'IL FAUT LES SOUTENIR ET NE PAS LES CONSIDÉRER COMME MÉDIOCRES OU MAUVAISES, AVANT DE LES CONNAITRE.

Il y a dans vos classes une chose qui me fait toujours de la peine, et que je tolère parce qu'elle me parait irrémédiable; c'est que ces filles dont vous avez pris un soin particulier, et dont pour la plupart vous avez fait des merveilles, deviennent, en sortant de votre classe, les dernières de celle où elles montent et sont comptées pour rien, ce qui les afflige et les décourage, se voyant tellement déchues qu'au lieu qu'il n'était question que d'elles, elles sont comme oubliées. Or, il y a peu de personnes qui n'aient besoin d'être soutenues pour se maintenir dans le bien; et il n'est pas étonnant qu'elles dégénèrent quand elles ne le sont plus comme elles l'étaient auparavant. Cependant je n'y vois guère de remède, car la maîtresse de la classe où elles entrent a ses mérites anciens, dont elle est bien plus touchée que des nouveaux, parce que les premiers sont son ouvrage et que ce qui est nôtre nous parait toujours plus merveilleux que les choses où nous n'avons point de part. — Que voudriez-vous donc qu'on fît, pour soutenir ces merveilles nouvellement arrivées dans une classe? les mettriez-vous d'abord au nombre des bonnes filles ? — Je ne veux rien dire sur cela, car je sais bien que quoi que je puisse vouloir, je ne parviendrais pas à persuader qu'un mérite étranger pût valoir celui que nous regardons comme le fruit de notre travail. La maîtresse des « jaunes », par exemple, à qui celle des « vertes » donnera des filles sur le pied d'excellentes trouvera que les médiocres de sa classe valent infiniment mieux, et n'admettra les nouvelles qu'après avoir jugé de leur mérite par sa propre expérience, sans vouloir s'en rapporter au jugement de la maîtresse qui les a données; et avant qu'elle puisse les connaître par elle-même, il se passera bien du temps encore; après cela arrivera-t-il souvent qu'elle n'en fera pas grand cas, pendant qu'aux « vertes » on les trouvait admirables, parce que chaque maîtresse attache le mérite à des qualités bien différentes. L'une ne comptera que sur la dévotion : si elle n'en remarque pas une bien sensible à une fille, elle ne l'estimera guère, quelque bonne qualité qu'elle puisse avoir; au contraire, elle en trouve une autre bien dévote, elle la prônera comme une merveille et n'aura pas d'yeux pour voir ses défauts. Une autre qui aimera beaucoup l'ouvrage ne connaîtra point d'autre mérite, et si une fille travaille bien, elle la mettra au nombre des excellentes, quelque défaut qu'elle ait. Une autre attachera le mérite à l'esprit, à l'intelligence, aux agréments et à d'autres semblables qualités, et comptera pour de médiocres sujets celles qui n'en seront pas bien pourvues. Je ne voudrais pas exclure du nombre des bonnes filles celles qui se distingueraient par ces sortes de talents, mais ce n'est pas par là que je jugerais du mérite.

— Qu'appelleriez-vous donc une bonne et excellente fille ? — Ce serait celle qui aurait des inclinations portées au bien, qui aurait de la piété, qui aimerait à plaire à ses maîtresses et à les contenter toutes, et non pas celle qui en aimerait une avec passion et compterait pour rien de mécontenter les autres; un esprit droit et simple, qui serait frappé de la raison et sur qui elle ne coulerait pas comme l'eau sur la toile cirée, une humeur douce et accommodante, une fille qui se prendrait par la douceur, qui ne serait pas aisée à blesser, qui ne ferait point de peine aux personnes avec qui elle vit, qui serait courageuse et dure sur elle-même, qui aimerait l'ouvrage, je ne dis pas qui travaillerait bien, car elle pourrait être née maladroite, sans en être moins bonne; mais je ne choisirais pas pour mes mérites des filles molles, paresseuses et difficultueuses, qui se fâchent aisément.

— Comment éviter, dit-on, de négliger les filles qui montent d'une classe à l'autre, car la maîtresse de celle où elles arrivent est obligée de prendre un soin particulier d'avancer et de former les plus âgées de sa classe de préférence à elles? — Il est vrai qu'elle doit s'occuper beaucoup des filles dont il faudra plus tôt se défaire (c'est un désintéressement que j'ai toujours demandé, et ce qui me fait regarder comme irrémédiable l'oubli des mérites nouveaux venus à une classe); mais sans en être occupée comme des plus grandes, je voudrais du moins qu'on les soutînt sur le pied qu'on les a données, et que si elles étaient de bonnes filles à la classe qu'elles quittent, on ne les mît point au nombre des mauvaises ou des médiocres à celle où elles arrivent. Je ne désapprouverais pas cependant qu'on leur donnât un peu de

temps pour les éprouver et pour mériter les distinctions et je n'approuverais point du tout qu'on mît
au nombre des sages celles qui ne le mériteraient
point, ou qu'on leur donnât des distinctions peu
de temps avant le changement des classes, sous
prétexte de les faire mieux recevoir à celles où elles
sont prêtes de monter, afin, comme l'on dit quelquefois, de faire valoir la marchandise; cela ne
serait pas de bonne foi.

XXXIV

AUX MAITRESSES DE CLASSE; AVIS DIVERS.

La première maîtresse doit parler aux élèves le
plus souvent qu'elle peut (1); c'est par les instructions générales et particulières qu'elle leur
inspirera le bien; c'est par là qu'elles seront

(1) « On n'instruit point sans parler; on n'élève point ses
enfants en silence; il faudra donc, ma chère fille, que vous
parliez aux enfants, que vous les repreniez souvent et que
vous les instruisiez toujours; il faut même que vous entriez
dans leurs conversations et dans leurs jeux, et que vous
soyez bien persuadée que vous servez Dieu quand vous
jouez aux dames, aux échecs, dans la vue d'acquérir par ces
complaisances un pouvoir sur les esprits pour les mener à
Dieu.
On peut plus exciter par la parole que par le silence : les

11.

élevées solidement; le reste n'est qu'un ordre extérieur qu'il faut pourtant toujours observer, mais l'important est de les connaître, de leur parler sur leurs besoins, de leur donner des moyens pour se corriger, de les attendre avec patience et de les encourager, de suivre les progrès qu'elles font, de les louer ou blâmer selon le naturel qu'on leur connaît, de leur parler fortement en particulier et avoir beaucoup de ménagements en général, de leur parler de la misère qu'elles trouveront dans le monde, mais avec bonté et jamais par manière d'insulte, se souvenant toujours qu'on a été soi-même du nombre de ces enfants. Enfin il faut les traiter comme de bonnes mères qui compatissent à toutes sortes de misères, mais qui veulent toujours les consoler ou les adoucir. Les maîtresses subalternes doivent agir avec le même esprit de bonté et de charité et de vrai zèle pour le bien solide des enfants qu'on leur confie.

La perfection de votre état, la perfection de maîtresse de classe, le zèle de votre institut et les services que vous lui rendrez demandent de vous la même chose; vous ne serez jamais bonnes à vos classes qu'autant que vous serez bonnes religieuses. C'est un abus qui a été de tout temps dans votre maison, qu'il faut de grands talents pour les enfants :

apôtres, formés par Jésus-Christ, instruisaient continuellement; songez donc à remplir toutes vos obligations, ma chère fille. Il y a dans la classe même bien des temps de recueillement où elles gardent le silence; il y a des lectures, des chants; tout cela vous laisse le temps de retourner à Dieu, quand vous en seriez éloignée, ce que je ne puis croire quand vous pratiquerez ce que je vous propose. »

(*Lettre à une maîtresse.*)

tous les talents vous seront difficiles et dangereux si vous n'avez point de vertu, et avec une véritable vertu vous serez utiles aux enfants, quelque peu de talents que vous ayez; soyez solides, droites et simples, et vous les rendrez telles à proportion de leur âge et de leur état.

On peut quelquefois leur faire faire ce qui n'est pas marqué dans le règlement, comme par exemple, les faire travailler pendant quelque temps aux récréations qu'elles ont libres, leur faire cesser pour un jour ou deux leurs exercices; mais en même temps il est bon de leur faire sentir qu'on a des raisons pour cela, comme, par exemple, qu'on est fort pressé de quelque ouvrage; et il ne faut pas qu'elles osent dire : Cela n'est pas dans nos règlements. Vous avez l'autorité de changer tout cela comme il vous plaît, mais cependant il faut prendre garde à le faire rarement et que chacune ne suive pas son goût particulier, car une fille par exemple, portée à la piété les retirerait de leurs exercices ordinaires pour leur faire faire tantôt des oraisons particulières, tantôt des neuvaines à quelque saint; et une autre qui aimerait le travail leur ferait quelquefois sentir, même sans le leur dire, qu'elle a regret aux moments qu'elles donnent à l'oraison, et négligerait volontiers leur instruction pour les faire travailler comme de bonnes servantes, croyant que qui travaille fait tout, et que le reste ne doit être compté pour rien.

Chacun pense diversement, et plus diversement qu'on ne saurait dire, et je suis persuadée que qui vous ferait écrire à toutes en particulier ce que vous pensez sur l'éducation, il ne s'en trouverait pas une qui ne pensât un peu différemment. Il y a bien de certaines maximes principales que vous auriez toutes, comme : qu'il les faut élever chrétiennement, les accoutumer à une vie laborieuse ; mais il y a des choses plus particulières sur lesquelles vous ne conviendriez pas de même. Ainsi le remède, c'est de ne les point conduire par votre propre esprit, de sacrifier vos vues, de n'entrer pas même dans ce qu'on pourrait vous proposer qui serait meilleur que ce qu'on a établi dans la maison, mais le suivre par préférence à tout ; sans cela on ne gardera point cette uniformité dans les maximes qui est le capital pour elles et pour vous. Quand j'ai dit qu'on est maîtresse de changer leur règlement, j'entends pour quelque temps, en passant : ce serait renverser l'ordre si l'on était plus longtemps hors de la règle que dans l'exercice de la règle.

XXXV

MATERNELS REPROCHES; ÉVITER DE RENDRE LES EN-
FANTS MOLLES ET DÉLICATES PAR TROP D'ATTENTION ;
CE QUI EST BLAMABLE, C'EST L'EXCÈS (1).

Vous vous plaignez que vos enfants sont paresseuses, qu'elles ont l'esprit de mollesse; pourquoi

(1) « On parla de la mollesse qui règne présentement dans le monde. Madame nous dit qu'on la porte si loin, que les jeunes personnes même ne veulent pas se donner la moindre peine pour se procurer un divertissement; que l'on ne connaît pas l'usage des plaisirs de l'esprit; que l'on ne pense qu'à manger et à se mettre à son aise; que les femmes passent la journée en robe de chambre, couchées dans une grande chaise, sans aucune occupation, sans conversation, sans lecture; que tout est bon, pourvu qu'on soit en repos. — Une de nos sœurs ayant dit qu'on sentait ce même esprit dans nos demoiselles, qui aiment mieux quelquefois se priver de jouer ou de se promener, que de prendre la peine de sortir de la classe et de chercher des jeux, Mme de B... lui demanda où nos enfants pouvaient avoir pris l'esprit du monde, étant venues si jeunes dans la maison. « Ma sœur, répondit-elle, il n'est pas besoin de l'enseigner, puisque chacun le trouve dans son propre fonds. — Mais que faudrait-il faire, ajouta-t-elle, pour détruire cette mollesse? » Madame, qui voulait tenir sa résolution, changea de propos, et nous regardait d'un air d'intelligence, avec cette bonté et familiarité qu'elle veut bien avoir avec nous. Mme de B..., n'en sachant pas la raison, la demanda à celle qui était auprès d'elle. Mme de R..., à qui elle s'adressa, dit tout haut : « Voilà ma sœur de B..., Madame, qui demande ce que vous avez dit d'utile; elle ignore la résolution que vous avez prise de livrer ce jour aux inutilités. » Madame reprit en riant, et avec beaucoup de vivacité : « Que veut cette affamée de bonnes choses? Que pourrais-je dire que je n'aie pas dit cent fois? »   (*Entretien.*)

le leur donnez-vous par la trop grande application que vous avez à leur faire plaisir? D'où vient que vous leur donnez tant de récréations extraordinaires, des promenades et des amusements, comme si elles n'étaient pas toutes en âge de travailler, je dis même les petites? Quelle est la fille qui ne travaille pas depuis le matin jusqu'au soir dans la chambre de sa mère, et n'en fait pas son plaisir? Elle n'y trouve, le plus souvent, que de la mauvaise humeur à essuyer, beaucoup de désagréments, quelquefois même des mauvais traitements, et personne ne s'avise de la plaindre et de lui procurer des délassements. La plupart travaillent assidûment toute la semaine, et ne se promènent que les fêtes et dimanches, et vous autres, qui êtes obligées, par les règles établies dans votre maison, de faire mener à vos enfants une vie sans comparaison plus douce que celle que la plupart mèneraient chez elles, au lieu de tâcher d'y mêler un peu de dureté, autant que l'ordre général le peut permettre, vous n'êtes occupées, au contraire, qu'à l'adoucir; non contentes qu'elles aient tous les jours une grande heure de promenade le soir, et presque tout le jour le dimanche, vous les y menez encore à la récréation le matin, et à des heures extraordinaires.

Pour moi, je gémis quand je vous vois si empressées à leur chercher des amusements dès qu'elles ont huit ans; devraient-elles en avoir d'autre que le plaisir d'un travail aussi doux que l'est celui de vos enfants? Si vous les accoutumiez à goûter ce plaisir dès cet âge, vous les empêcheriez d'en désirer d'autres qui seraient aussi dangereux que celui-ci est innocent, et par là vous leur rendriez un des plus grands services qu'elles puissent attendre de vous pour le présent. Quel avantage de contenir de jeunes personnes qu'il est si dangereux d'abandonner à elles-mêmes dans ces temps de récréation, où les conversations entre elles sont si pernicieuses! Pour l'avenir, cet amour de l'ouvrage serait un préservatif contre toutes sortes de maux. La maxime des gens d'expérience est qu'une fille doit être coquette ou laborieuse.

Il faut en toutes choses avoir du discernement. Quand je vous blâme de chercher trop à faire plaisir à vos filles, et de les promener à toutes les récréations, je n'entends pas que vous leur retranchiez toute promenade et tout délassement, car ils leur sont nécessaires; je n'en blâme que l'excès, et je trouve fort bon que l'hiver, où la saison les contraint d'être renfermées tout le jour, une maîtresse qui voit un rayon de soleil puisse, sans être molle, profiter de ce beau temps passager pour les mener à la promenade; elle fera même très bien, cela étant aussi bon pour leur santé que pour leur plaisir; mais en été, où elles y vont le soir, je ne vois pas de raison qu'elles y aillent ordinairement à d'autres heures.

Quand je vous exhorte aussi à faire travailler même les petites à la récréation, et d'exiger d'elles qu'elles travaillent assidûment et diligemment dans les autres heures, à ne pas souffrir qu'elles n'aient de l'ouvrage que par contenance, sans se soucier de l'avancer, je conviens cependant que dans le temps d'un froid excessif ou d'une chaleur étouffante, où vous sentez vous-mêmes que les bras vous tombent et que vous ne sauriez presque travailler, je conviens, dis-je, que vous pourriez sans mollesse ne point demander autant d'ouvrage aux élèves dans ces temps-là que dans un autre; il faut un peu, pour ainsi dire, fermer les yeux et ne pas montrer qu'on s'aperçoit qu'elles travaillent lentement; il ne faut pas non plus y regarder de si près à la récréation, car il est nécessaire qu'elles se réjouissent.

Je crains que vous ne gâtiez vos enfants par l'inclination que vous avez à les louer, à les admirer, à les récompenser, dès qu'elles font leur devoir. Si elles ont bien fait dans une office, il faut que l'officière les prône, qu'elle leur procure une collation, une promenade; voilà ce qui les gâte et ce qui peut leur faire croire qu'on leur en doit de reste, quoiqu'elles n'aient fait après tout que ce qu'elles doivent faire. Il suffirait qu'en les remettant entre les mains des maîtresses, elle dit simplement : J'en ai été contente; et cela, non pour leur faire plaisir, mais pour en rendre compte. Il faudrait dire de même : Elles ne font rien qui vaille (1).

(1) « Mme de S... demanda si ce n'était pas une bonne raison de prendre une suppléante quand la maîtresse a un rhumatisme ou une fluxion qui l'empêche de mener les élèves à la promenade. « C'est là une pauvre raison, repartit Madame, pour embarrasser une communauté à vous chercher une suppléante qui quitte sa charge ou ses sœurs à la récréation pour aller promener vos enfants; c'est trop les gâter que d'avoir pour elles ces sortes d'égards. Il faut faire céder tout à leur sûreté préférablement à leur plaisir. Quel inconvénient y aurait-il de les laisser quelque temps sans prendre l'air? cela n'arrive-t-il pas souvent à des enfants dans le monde qui sont plus distingués qu'elles. Et pour vous donner

Je crois donc que vos enfants reviendront de leur délicatesse quand elles seront dans le monde, mais je crains fort que celles qui viennent des classes au noviciat n'y apportent cet esprit, et ne le perpétuent à l'infini, ce qui serait un grand malheur. Comment faire aller une maison avec des filles molles, tendres sur elles-mêmes, occupées de leur santé, ne pouvant rien porter avec courage

un exemple de votre connaissance, Mlle d'A... ne demeura-t-elle pas ici très longtemps sans sortir de sa chambre, parce que sa gouvernante avait un rhumatisme? N'aurait-on pas pu la confier à une autre, si on avait été aussi occupé de son divertissement que vous l'êtes de celui de vos demoiselles? Et tout le temps qu'elle a été chez moi à Versailles, elle n'a pris l'air que les fêtes et les dimanches, parce que mes femmes travaillent les jours ouvriers. » On lui dit que s'il n'y avait qu'une maîtresse d'incommodée, elle pourrait demeurer à la classe avec une partie des élèves, et l'autre irait au jardin. « Fort bien, dit Madame, si cela accommode les maîtresses, mais il ne faut pas qu'elles s'en contraignent. — En quoi remarquez-vous ce peu de courage que vous reprochez à nos enfants? dit une de nos sœur. — En ce qu'elles n'entreprennent rien avec affection, répondit Madame; elles ne se soucient point de réussir, elles ne craignent qu'une seule chose, qui est d'être reprises ou punies; elles s'embarrassent fort peu que tout aille mal, pourvu qu'elles se puissent tirer à quartier et dire : Ce n'est pas moi. Elles vous laisseraient volontiers mourir, pourvu, dit-elle en riant, que vous ne revinssiez point de l'autre monde les en reprendre. Les bons cœurs sont autrement disposés; ils aiment mieux faire trop que trop peu, et ils consentiraient volontiers à être grondés, pourvu que tout allât bien. Ma pauvre Nanon* est si affectionnée à mon service, que si je la chassais par une porte, elle reviendrait par une autre pour me servir. — Ce défaut de nos enfants, dit Mme de B..., vient, je crois, de mal entendre une maxime qui dit qu'il vaut mieux être appelée que chassée. — Oui, reprit Madame, elles tournent tout en mal, parce qu'elles n'agissent pas simplement; elles font des réflexions infinies sur ce qu'on pensera. Demandez à une fille si elle veut être religieuse de Saint-Louis; au lieu

* Femme de chambre de Mme de Maintenon.

et dont l'esprit serait encore plus délicat? Il faut bien attaquer ces défauts dans vos enfants, et vous devez prendre garde à ne les pas entretenir par les ménagements superflus que vous avez pour elles, par une trop grande bonté et manque d'expérience. Et cette mollesse consiste dans la délicatesse à craindre la moindre incommodité, à ne point supporter le froid, le chaud, la pluie, une mauvaise

de répondre simplement ce qu'elle veut, elle fera mille détours et retours sur ce qu'on pensera de sa réponse. Leur travers vient aussi de ce qu'elles prennent pour elles des maximes qui ne conviennent qu'à des religieuses fort avancées dans la perfection, et qu'elles leur donnent un mauvais sens. Ne les avons-nous pas vues se mettre dans la sainte indifférence dont il était question du temps du quiétisme, et la porter jusqu'à ne montrer aucun désir du noviciat, attendant qu'on leur proposât d'y entrer? Ce manque de courage et ce fonds de mollesse que je vois dans nos enfants ne m'inquiètent point pour celles qui sortent, parce que je suis persuadée qu'elles n'auront pas essayé durant trois mois de la vie qui les attend hors d'ici qu'elles reviendront de cette faiblesse, et que la nécessité où elles seront de ménager tout le monde, sans trouver personne qui les ménage, les fera bientôt changer de sentiments, comme nous l'expérimentons déjà en plusieurs. Je voudrais que vous entendissiez parler nos Carmélites[*]. Vous savez qu'elles étaient ici de nos merveilles; elles disent fort agréablement qu'elles ont bien à décompter, qu'elles étaient accoutumées à être louées, admirées, ménagées, et croyaient être regardées des merveilles dans les maisons où elles ont été, mais qu'elles ont eu beaucoup à rabattre de cette estime d'elles-mêmes quand elles se sont vues négligées et reprises sans aucun ménagement; qu'elles ont alors commencé à connaître le ridicule de leur orgueil. Elles ont tellement changé d'idées, qu'une d'elles me disait avec simplicité, il y a quelques jours : Quand je pense aux sentiments que j'avais à Saint-Cyr, à ma sensibilité pour le moindre blâme, et aux ménagements que j'exigeais pour moi, je ne comprends pas qu'on pût m'y supporter. »   (*Entretien.*)

[*] C'est-à-dire celles des demoiselles de Saint-Cyr qui s'étaient faites Carmélites.

senteur, la privation d'un repas, le retranchement d'une heure de sommeil, de récréation ; à compter pour quelque chose les plus petits maux, à s'attendrir sur soi-même pour la plus légère infirmité, à s'en plaindre jusqu'à en fatiguer les autres, et vingt choses semblables. Soyez attentives à ne laisser échapper aucune occasion sans attaquer en elles toutes ces faiblesses ; il faut les en reprendre souvent, tantôt doucement, tantôt fortement, mais toujours patiemment et sans se rebuter. Vous avez un ouvrage auprès de cette jeunesse d'une extrême étendue, et qui demande un soin et une attention continuelle de votre part, tant par rapport à elles que pour leur donner vous-mêmes l'exemple de tout ce que vous exigez d'elles sur toutes choses.

———

XXXVI

FAIRE ET PRATIQUER VAUT MIEUX QUE BIEN DIRE.

Il faut défaire nos filles de tous les compliments, excuses, résolutions et promesses qu'elles savent faire, et leur montrer par notre conduite que nous ne compterons plus que sur la leur : je serai contente d'elles quand leurs maîtresses le seront, et jamais autrement. Faites de même, je vous en conjure ; n'écoutez point leurs sentiments héroïques sur les reproches qu'on leur fait. On n'est que trop porté à bien parler : il est temps de pratiquer. J'aimerais mieux leur modestie, leur soumission et leur travail, que les témoignages de leur reconnaissance.

Vous voulez, ma chère fille, que je vous parle sur vous : je n'aurais, ce me semble, qu'à vous appliquer ce que je viens de vous écrire pour vos filles, et j'ai à me l'appliquer incessamment à moi-même. Nous savons assez, nous parlons à merveille, nous exhortons les autres bien mieux qu'il n'appartient à notre sexe, mais nous ne pratiquons pas assez. Nous nous flattons que nous ferions notre devoir dans les grandes occasions ; nous ferions des livres sur l'abandon à la volonté de Dieu, sur le détachement de nous-mêmes et sur la sublime perfection, et cependant nous manquons presque à tout ce qui se présente devant nous. Soyons fidèles dans les petites choses, ma chère fille ; examinez-vous bien sur la soumission au sens des autres et sur la défiance que vous devez avoir du vôtre. Il est très vrai qu'il vous sera bon d'obéir avant de commander, mais il ne faut pas que vous souffriez dans votre perfection de la nécessité où nous nous trouvons de mettre de jeunes personnes dans les premiers emplois : vous y deviendrez propre si vous vous en croyez incapable, et vous vous y perdrez si vous en jugez autrement.

XXXVII

SUR LE TRAVAIL ET L'OUVRAGE; EN INSPIRER LE GOUT AUX ENFANTS.

Je conjure les maîtresses de classe de tenir la main à ce qui suit :

De revenir toujours à l'éducation des enfants qui doit être chrétienne et raisonnable;

D'avoir ce but-là devant les yeux dans tout ce qu'on leur dit;

De l'expliquer dans les petites classes aux exercices nécessaires, catéchisme, lecture, écriture; apprendre par cœur pour la répétition du dimanche et des fêtes;

De leur apprendre à travailler; de prêcher toujours l'amour du travail dans toutes les classes.

Donnez-vous tout entières; comptez sur l'imperfection des enfants, ne vous en impatientez jamais; reprenez-les doucement, continuellement, raisonnablement et brièvement; ne les poussez point, n'attendez point leurs réponses, semez et priez le père de la moisson; vous ou d'autres recueillerez dans la saison.

Vous ne pouvez inspirer à vos filles rien de meilleur que le goût de l'ouvrage; comptez que c'est un trésor. Généralement parlant, rien n'est plus nécessaire aux personnes de notre sexe que d'aimer le travail : il calme les passions, il occupe l'esprit, et ne lui laisse pas le loisir de penser au mal, il fait même passer le temps agréablement.

L'oisiveté, au contraire. conduit à toutes sortes de maux ; je n'ai jamais vu de filles fainéantes qui aient été de bonne vie. Il faut nécessairement prendre goût à quelque chose ; on ne peut vivre sans plaisir ; si on ne trouve point à s'occuper utilement, il faut en chercher à autre chose. Que peut faire une femme qui ne saurait demeurer chez elle, ni trouver son plaisir dans les occupations de son ménage, et dans un ouvrage agréable ? il ne lui reste à le chercher que dans le jeu, la compagnie et les spectacles. Y a-t-il rien de si dangereux ? Combien de filles sans être mal nées ni avoir de méchantes inclinations, ont perdu leur honneur pour s'être rencontrées en de mauvaises compagnies ? combien voit-on de familles ruinées par le jeu ? combien de femmes qui étaient nées sages et modérées, de qui cet amour du jeu a causé la perte de la réputation (1) ?

(1) D'une instruction aux élèves nous extrayons les passages suivants où les mêmes idées sont reproduites avec de légères variantes :

«... Ajoutez à la louange du travail qu'il fait passer le temps utilement et agréablement, et ne laisse pas le temps de s'ennuyer.

Il est surtout nécessaire à notre sexe, et j'ai ouï dire à des personnes d'esprit et d'une piété distinguée qu'il faut nécessairement qu'une fille soit laborieuse ou coquette. La raison en est qu'il faut nécessairement avoir quelque goût ; on ne peut vivre sans plaisir, et dès qu'on n'en trouve point dans une occupation utile, il est naturel d'en chercher ailleurs et l'on n'en trouve que de très dangereuses.

En effet, que peut faire une personne de notre sexe qui ne peut demeurer chez elle, ni trouver son plaisir dans les devoirs de son ménage ? Il ne lui reste plus qu'à le chercher

XXXVIII

AVIS DIVERS.

Je ne voudrais pas changer ce quart d'heure d'oraison qu'on a jugé à propos de mettre dans le règlement de la journée des élèves ; ne pourrait-on pas le faire tout haut pour les exciter, y parlant tantôt plus, tantôt moins, et souvent point du tout ? On pourrait quelquefois aussi leur lire quelque sujet d'oraison à deux ou trois reprises : un quart d'heure est bientôt passé. Ne changez pas ce qui est réglé.

Vous ne pouvez trop éviter les conversations des enfants entre elles. Il faudrait remettre dans les classes des volants, des jonchets, des échecs, des damiers, des trous-madame, etc., etc.

Ne souffrez pas que vos filles travaillent au réfec-

dans le jeu, les compagnies, les spectacles. Y a-t-il rien de si dangereux non seulement pour la piété, mais même pour la réputation ?

On ne peut commencer trop tôt à prendre de bonnes habitudes, et nous n'aurons de goût et de facilité au travail qu'autant que nous nous y serons accoutumées dès notre jeunesse.

Le travail est d'obligation pour tous les hommes depuis le péché. Car, remarquez que quand Adam eut péché, Dieu ne lui donna point pour pénitence de passer sa vie dans le désert, mais il lui dit : Vous gagnerez votre pain à la sueur de votre visage.

Quand Salomon fait le portrait d'une femme forte, il ne dit pas qu'elle est savante ; mais il remarque qu'elle a travaillé avec de la laine et du lin, qu'elle sait manier le fuseau, et qu'elle a fait paraître sa sagesse dans l'ouvrage de ses mains... »

toire et à l'oraison. Du reste, elles ne peuvent trop travailler, et si vous pouvez leur donner le goût de l'ouvrage, ce serait un bien plus solide que vous ne pouvez vous l'imaginer : je vois tous les jours ce qu'attire l'oisiveté.

Vous verrez tous les jours, de plus en plus, que vous devez être fermes et douces, laborieuses, tranquilles, que vous devez travailler incessamment sans vous impatienter sur le succès. Dites aux enfants ce que vous voulez sans les pressentir, et sans chercher ensuite ce qu'elles pensent.

———

XXXIX

A UNE MAITRESSE DE CLASSE, A PROPOS D'UN RUBAN ET D'UNE ÉPINGLE; MOINS DE SÉVÉRITÉ, PLUS DE PATIENCE ET DE DOUCEUR.

Vous savez que je compte beaucoup sur vous, surtout pour nos grandes filles : vous punissez une des vôtres parce qu'elle a mis une épingle pour relever un ruban; je n'aurais pas fait semblant de le voir; si j'avais voulu reprendre cette fille, je lui aurais dit : « Quelle enfance de vous croire mieux quand un ruban est un peu plus haut ! Ces faiblesses-là sont de votre âge; mais vous êtes si bien instruite ici, que vous devriez, plutôt que les autres, haïr le monde que Jésus-Christ a condamné; » et cela sans aucune âpreté. Je crains celle de votre piété; vous l'avez souvent poussée trop loin pour vous, il faut encore moins la pousser pour les autres. Vous avez un grand zèle et vous devez l'avoir; mais il faut prendre les moyens propres à réussir; vous n'inspirerez jamais l'amour de Dieu en punissant et en grondant. Vos filles seront plus portées à vous imiter quand elles verront votre patience, votre douceur, votre paix et votre joie. Je voudrais que vous profitassiez davantage de vos lectures : saint François de Sales dit qu'on ne prend pas les mouches avec du vinaigre, mais avec du miel; ne vous appliquez-vous pas ces maximes-là?

Vous ne serez pas excusable si vous ne devenez comme nous vous désirons, car il y a peu de chose à faire; tout ce que vous dites aux enfants est bon, juste et raisonnable : il n'y a que le ton à changer. Soyez persuadée, et on le voit déjà, que la douceur et la raison feront de meilleurs effets que la sécheresse, la moquerie, la rudesse et tout ce qu'on a employé jusqu'ici avec la meilleure intention du monde.

XI.

FÉLICITATIONS A UNE MAITRESSE DE CLASSE QUI DÉBUTE ; D'OU VIENT SON SUCCÈS.

Je n'ai que des louanges à vous donner ; vous faites des merveilles ; vous êtes ferme, douce, grave, silencieuse, voilà tout ce qu'il faut dans les classes, avec une entière union dans les maitresses. Avec cela vous gouvernerez vos filles tantôt mieux, tantôt plus mal, car il faut s'attendre à des inégalités là-dessus ; mais si les maitresses n'ont cette conduite uniforme et pleine d'intelligence les unes avec les autres, tout ira de désordre en désordre, et les classes deviendront impossibles.

Non, ma chère fille, les enfants ne sont pas si difficiles. Dieu vous assiste dans votre profession ; demandez-lui son secours en tout ; continuez comme vous commencez. Le goût que Dieu vous donne ne diminuera ni votre mérite ni votre récompense.

La classe des commençantes est la plus importante ; ce sont les premières impressions. Donnez-vous-y tout entière ; tout dépend des commencements. Veillez, plantez, semez ; tâchez de connaître vos filles, instruisez-les de leur religion, inspirez-leur la simplicité, la candeur, la sincérité, l'amour de la vérité, le respect pour les confesseurs, la droiture dans les affaires de conscience ; montrez la haine que vous avez pour les finesses, pour les

jugements, enfin pour tous les mauvais caractères
d'esprit, qu'il faut tâcher de détruire dès l'enfance...

XLI

DES LECTURES; OU SE TROUVE LA VÉRITABLE GRANDEUR; CHOIX DES LIVRES.

Je crois les livres profanes fort dangereux, surtout aux personnes de notre sexe, qui sont naturellement curieuses.

Il y a des livres mauvais par eux-mêmes, tels
sont les romans, parce qu'ils ne parlent que de vices
et de passions; il y en a d'autres qui sans l'être autant, ne laissent pas d'être dangereux aux jeunes
personnes, en ce qu'ils peuvent les dégoûter des
livres de piété, et qu'ils enflent l'esprit comme par
exemple, l'histoire romaine ou l'histoire universelle, du moins celle des temps fabuleux (1).

J'appelle livres profanes tous ceux qui ne sont
pas pieux, quoiqu'ils soient innocents, dès qu'ils
n'ont pas une vraie utilité. Apprenez à vos enfants
à être extrêmement sobres sur la lecture, à lui pré-

(1) Il y a là une sévérité excessive et qui ne s'explique que
par la réaction que Mme de Maintenon avait entreprise contre
les abus résultant d'une éducation trop molle et trop mondaine.

férer toujours l'ouvrage des mains, les soins du ménage, les devoirs de leur état, et si enfin elles veulent lire, que ce ne soit que des livres bien choisis, propres à nourrir leur piété, à former leur jugement et à régler leurs mœurs. Un bon esprit fait toujours un bon usage de ce qu'il lit, et le tourne à son profit de façon ou d'autre ; mais un mauvais esprit en abuse, ou pour s'enorgueillir, ou pour d'autres travers, dont vous devez vous efforcer de garantir votre jeunesse.

Peut-on citer aux enfants des exemples vertueux des sages païens de l'antiquité et des philosophes, puisque les plus saints livres en sont pleins ? — Je craindrais fort que tous ces grands traits de générosité et d'héroïsme ne leur élevassent par trop l'esprit, et ne les rendissent aussi vaines et précieuses qu'elle l'étaient dans les commencements, où nous avions pris cette sorte de manière de les instruire ; vous avez vu combien tout ce que nous en mêlions dans nos instructions les avait gâtées, et quelle peine nous avons eue à les ramener à la simplicité convenable à notre sexe. C'est ce qu'il y a de pernicieux dans ces sortes de citations, et encore plus dans les livres tout profanes ; ils dégoûtent de l'aimable simplicité du saint Évangile et de tout ce qui tend à l'humilité, à la petitesse, au mépris de soi-même et aux vertus vraiment chrétiennes. Je crois qu'il ne vous en faut pas dire davantage pour vous convaincre du danger de ces sortes de lectures et de citations. Encore une fois, vos enfants ont infiniment plus de besoin d'apprendre à se conduire chrétiennement dans le monde et à bien gouverner leur famille avec sagesse, que de faire les savantes et les héroïnes; les femmes ne savent jamais qu'à demi, et le peu qu'elles savent les rend communément fières, dédaigneuses, causeuses, et dégoûtées des choses solides.

Mais pour en revenir aux citations profanes, je ne m'oppose point que, quand elles demandent ce que c'est, par exemple, qu'Alexandre, on leur réponde simplement et sans affectation que c'était un roi de Macédoine, fort grand conquérant, et ainsi du reste; que quand vous leur faites quelque lecture où il se rencontre de ces sortes de traits, vous les leur laissiez lire comme le reste, en leur faisant remarquer en passant la différence qu'il y a entre ces actions qui paraissent si belles en apparence et celles qui sont animées par la religion et par la piété; que les premières sont punies en l'autre monde à cause de l'orgueil qui les a fait faire, et les secondes couronnées de récompenses éternelles.

La vie des saints, les actes des martyrs, etc., sont tous remplis des noms des dieux, des empereurs et des philosophes païens; ce n'est pas une raison pour les leur ôter; il faut au contraire leur expliquer en peu de mots, à mesure que les occasions se présentent, ce qu'étaient ces empereurs, ces dieux, et encore bien plus ces saints martyrs dont nos histoires sont pleines, mais avoir soin de les exciter au bien ou à la haine du péché par la crainte et l'amour de Dieu, et non pas par des exemples profanes qui, quoique utiles en certaines occasions, ne laissent pas d'exciter un orgueil qu'il faut détruire ensuite, et qui est plus difficile à surmonter que les plus grands vices. C'est ce qui reste à faire à la plupart de ceux qui se donnent à Dieu : après avoir orné son esprit, s'en être, pour ainsi dire, fait une idole, il faut nécessairement y renoncer, en faire un sacrifice et le soumettre à l'humble doctrine de Jésus-Christ.

Croyez-moi, ne préparez pas tant d'ouvrage à vos enfants; insinuez-leur partout l'esprit et les maximes de Notre-Seigneur, qui en vérité n'inspirent que la véritable grandeur. Si elles font quelque faute, dites-leur : Comment accordez-vous ce que vous dites ou ce que vous faites avec l'Évangile? Si vous avez, par exemple, à combattre quelque acte de paresse, citez-leur saint Paul, qui aimait mieux travailler de ses mains, quoiqu'il fût tout occupé à prêcher l'Évangile aux nations, que d'être à charge aux autres. Cette sorte d'éducation ne vous fera pas tant d'honneur auprès des mondains; mais souvenez-vous toujours, mes chères filles, que vous ne les élevez pas pour plaire au monde, que c'est pour en faire des personnes toutes vertueuses, toutes sages et toutes raisonnables; je dis raisonnables, car quoiqu'il faille les porter à embrasser de grand cœur la pratique exacte de l'Évangile, il n'y faut mêler rien de bas et de petit, ne leur point faire de contes, ne leur en point faire accroire, ne leur point faire de crimes de choses indifférentes, ne leur point donner comme choses d'obligation celles qui ne sont que des conseils, enfin leur dire toujours vrai et ne rien outrer; je crois que c'est le meilleur moyen pour les affermir dans la piété, et que toutes les railleries des mondains ne les pourront ébranler quand elles seront certaines que vous ne leur avez jamais rien enseigné de trop fort ou de faux.

Quant aux livres que vous leur donnez, je voudrais qu'il fusssent bien choisis; ils devraient tous renfermer le même esprit, sans s'écarter de ce que doivent faire tous les chrétiens dans une vie simple et commune. Ce que vous leur faites lire sur la religion, quoique excellent, ne leur sert pas ordinairement beaucoup; elles croient que cela n'est bon que pour le cloître, et il est à craindre que celles qui ne veulent pas s'y renfermer ne laissent sous ce prétexte toute autre piété. Il arrive encore, quand on leur lit de ces choses si extraordinaires et si singulières, qu'après que l'on a passé bien du temps à les lire, il en faut passer autant à leur faire comprendre qu'elles sont plus admirables qu'imitables; il faut du moins, alors leur en faire tirer tout le fruit qu'il est possible, en les portant en effet à l'admiration que ces choses méritent, à adorer les différentes conduites de Dieu dans ses saints, à leur faire entendre qu'il faut les suivre avec fidélité quand il les tient sur nous, et soumettre toujours ce qu'il nous inspire aux lumières de ses ministres.

Que vous avez besoin, mes chères filles, d'avoir une piété plus éclairée, plus droite et plus solide que sensible et démonstrative, pour ne pas prendre le change dans celle que vous devez inspirer à vos enfants! Accoutumez-les donc à écouter les lectures avec simplicité, à s'édifier de ce qui est bon, à s'appliquer ce qui leur est convenable et utile, à ne point raisonner sur ce qu'elles n'entendent pas, ou qui n'est pas de leur goût. On ne peut empêcher que certaines pensées ou réflexions ne viennent à l'esprit, mais il faut savoir les taire et même les réprimer, et les étouffer en soi-même si elles étaient contraires à la foi et au respect dû aux opérations de Dieu dans ses saints.

Je vous conseille de les accoutumer à mettre tous les bons auteurs au rang du prochain, à qui on doit dire du bien quand on en veut parler, et jamais rien de ce qui pourrait être mal ou qui paraîtrait l'être.

XLII

A UNE JEUNE MAITRESSE; ENCOURAGEMENTS ET CONSEILS.

Je loue Dieu, ma chère fille, des dispositions que vous me marquez; je les crois bien propres à attirer la grâce sur ce que vous allez faire. Continuez comme vous avez commencé, avec cette douce gravité qui empêchera la familiarité des enfants, qui est ce qu'il y aurait de plus dangereux; gardez cette vigilance qui vous fait tout voir, et qui vous rend d'autant plus propre à observer ce qui se passe, que vous ne vous répandez point en discours; faites observer la règle, et ce sera beaucoup. Soyez fort unie avec votre première maîtresse, et regardez tout ce qu'elle fait, pour faire de même en son absence quand c'est vous qui présidez; faites tout d'un grand concert avec celle qui vous suit.

afin que si vous manquiez, la classe soit toujours conduite de même, car il faut que vous soyez si unies et si uniformes qu'on ne s'aperçoive pas dans la classe du changement de maîtresse. Quand on fait les choses par gloire, par intérêt et par vanité, on n'est pas fâchée qu'on voie la différence qu'il y a de notre conduite à celle des autres; quand on a Dieu pour but, on désire que le bien se fasse par les autres comme par vous. Par là on s'amasse des trésors de mérites par les choses mêmes que nous ne faisons plus, parce que nous les avons bien commencées.

C'est ainsi, ma chère fille, que vous agirez. Je ne puis vous dire combien j'espère de grâces pour vous. Soyez fidèle à votre règle pour l'amour de Dieu ; ne vous relâchez point devant vos élèves ; réjouissez-vous aux récréations avec la communauté, et comptez sur tous les secours que je suis capable de vous donner. Je suis dans une entière liberté avec vous, par la confiance que vous avez toujours eue en moi, et peut-être aussi un peu par l'inclination que j'ai pour vous.

XLIII

SUR LE MENSONGE (1).

On ne peut donner aux enfants trop d'horreur pour le mensonge; cependant il faut le détruire dans les nouvelles venues avec une grande patience; il faut leur lire souvent les défenses qu'on a faites, et les faire obéir là-dessus comme dans tout le reste, observant toujours la différence des anciennes d'avec les nouvelles venues. Servez-vous de toutes sortes de moyens pour les corriger : une exhortation générale à l'approche d'une grande fête, une correction douce en particulier à la veille d'une confession, une confusion publique, une humiliation devant les autres, une amende honorable, un relâchement de plaisir, une posture contrainte; enfin, tantôt de la rigueur, tantôt de la douceur, et toujours une grande patience.

Continuez dans la pratique; que celle qui préside dans la classe ne soit attachée à rien de particulier, et qu'elle ait les yeux ouverts sur tout ce qui se passe, tant à l'égard des enfants que de celles qui leur apprennent quelque chose. Appliquez-vous

(1) «... Je n'ai plus rien à vous dire de particulier sur Mlle de... Il faut lui faire une grande honte sur son mensonge, la menacer de le rendre public; le faire en effet si elle ne promet de s'en corriger, prier pour elle et prendre patience. Ayez-en une infinie sur leur légèreté; c'est l'âge le plus difficile, elles ne sont plus petites filles, et elles ne sont pas encore grandes. » (*A une maîtresse des jaunes.*)

surtout à la lecture et à l'écriture. Je prie Dieu, ma chère fille, de bénir vos peines. Priez beaucoup pour les enfants.

XLIV

DE LA MANIÈRE DE GRONDER ET DE PUNIR ; CHOISIR LES MOMENTS ET LES MOYENS CONVENABLES.

Vous me demandez que je vous instruise sur les classes : l'expérience vous en apprendra plus que je ne saurais vous en dire ; c'est moins l'esprit qui m'a appris ce que j'en sais, que ce que j'ai expérimenté moi-même. Il faut avoir une conduite proportionnée aux divers caractères ; il faut une conduite ferme, mais il ne faut point trop gronder ; il faut souvent fermer les yeux et ne point tout voir, et surtout prendre garde à ne point aigrir vos filles et à ne les pas pousser à bout indiscrètement. Il y a des jours malheureux où elles sont dans une émotion, dans un dérangement, prêtes à murmurer ; tout ce que vous feriez alors, toutes les remontrances, toutes les réprimandes, ne les remettraient pas dans l'ordre. Il faut couler cela le plus doucement que l'on peut, afin de ne point commettre son autorité, et il arrivera quelquefois que le lendemain elles feront des merveilles. Il y a des enfants si emportés et qui ont des passions si vives, que quand une fois ils sont fâchés, vous leur donneriez dix fois le fouet de suite, que vous ne les mèneriez pas à votre but; ils sont incapables dans ce temps-là de raison, et le châtiment est inutile. Il faut leur laisser le temps de se calmer, et se calmer soi-même; mais afin qu'ils ne puissent croire que vous vous rendez, et que par leur opiniâtreté ils sont devenus les plus forts, il faut user d'adresse, faire intervenir un médiateur, ou dire qu'on ne remet la chose à une autre fois que pour la rendre plus terrible, et ne pas croire qu'ils soient colères et emportés toute leur vie, parce que dans la jeunesse ils ont les passions vives.

Il faut donc étudier les moments, prendre les moyens convenables pour corriger les enfants. Quelquefois un regard, une parole, les remet dans leur devoir, ou une conversation particulière, où vous les faites entrer en raison en leur parlant avec bonté. Il y en a qu'il faut reprendre en public, quelquefois même plusieurs fois, avant de les punir; il y en a d'autres qu'il faut punir d'abord sans faire paraître de ménagement; enfin la discrétion et l'expérience vous apprendront le parti qu'il faut prendre suivant les occasions; mais vous ne réussirez point si vous n'agissez avec une grande dépendance de l'esprit de Dieu. Il faut beaucoup le prier pour les personnes dont vous vous trouvez chargées; il se faut adresser à lui d'une façon spéciale quand vous êtes embarrassées; ne doutez point qu'il ne vous aide tant que vous vous défierez de vous-mêmes, et que vous aurez soin de demeurer unies à lui.

Quand vous trouvez des enfants plus difficiles ou mal nées, il faut profiter de tout pour travailler incessamment et patiemment à leur correction, comme de l'occasion d'une fête, d'une lecture, d'une communion, pour les animer et les encourager à entreprendre elles-mêmes la destruction de leurs défauts; mais encore une fois, ne les rebutez point par des corrections trop fréquentes, ou faites sur-le-champ; par exemple, si vos enfants parlent dans le réfectoire ou dans les corridors, ou qu'elles se dérangent, ce n'est point le temps de les reprendre ou de les tirer par la manche pour les faire marcher sur une même ligne; c'est là ce qui les impatiente et leur fait faire de sottes réponses dont on est un peu coupable par son impatience; on ne réussit pas par cette précipitation; quand elles sont en mouvement, elles ne vous entendent qu'à demi et ce que vous dites augmente le dérangement; s'il est considérable, redressez-le avec fermeté et à propos; sinon, ayez patience tant que le bien surmontera le mal; c'est l'avis que saint Paul nous donne dans l'épître d'aujourd'hui, et comptez que quoi que vous fassiez, il y aura toujours quelques filles qui parleront ou qui se dérangeront; il est impossible que cela soit autrement dans un si grand nombre.

J'ai encore à vous recommander à leur sujet de ne leur jamais rien dire de déraisonnable, et encore moins de leur jamais faire faire des choses qu'elles voient bien, ou qu'elles verront un jour de ne l'être pas; vous n'êtes pas obligées à leur rendre toujours raison de ce que vous exigez d'elles, quoiqu'il soit ordinairement bon de le faire; mais ordonnez avec hauteur, sans changer de ton ni de visage, et dites avec un ton de voix doux et ferme : Mes enfants ou mesdemoiselles, il faut faire cela aujourd'hui, vous ne ferez point un tel exercice, vous n'irez point en tel endroit, vous travaillerez tout le jour. Mais souvenez-vous toujours, et n'y manquez jamais, de leur donner du temps pour prier Dieu l'après-midi, les jours que vous ne les mènerez point à vêpres avec les autres, afin qu'elles prennent cette bonne habitude et la gardent toute leur vie (1).

(1) Madame nous dit ensuite qu'ayant entretenu les novices sur l'éducation, elles lui avaient demandé ce qu'il faudrait faire à une petite fille qui rougirait jusqu'au blanc des yeux d'orgueil et de dépit quand on la reprend, et qui pourtant ne dit mot; qu'elle leur avait répondu que pour elle, elle l'admirerait d'avoir assez de pouvoir sur elle pour se taire; qu'il ne fallait pas faire semblant de voir ces sortes de mouvements, non plus que les répugnances qu'on voit bien qu'elles ont pour de certaines choses qu'on leur fait faire. « Il faut passer par-dessus sans s'embarrasser ni leur en faire une querelle, quand elles sont assez sages pour ne point éclater et pour ne point entraîner les autres au murmure manifeste, car nous sommes hommes, et nos passions remueront toujours quand elles seront contrariées. »

XLV

COMMENT ON MAINTIENT SON AUTORITÉ DANS LES CLASSES. COMMENT IL FAUT PUNIR.

Plus vous aurez d'expériences dans les classes, et plus vous verrez qu'il faut les conduire avec une douce autorité, qu'il y faut être grave, silencieux, ferme, et toujours sur ses gardes pour ne pas se commettre avec les grandes filles, qui abuseront toujours de la familiarité. Il faut peu se fâcher, et encore moins caresser, mais leur faire observer leur règle exactement, ne pas voir toutes leurs fautes, punir celles de conséquence, ne pas vous impatienter du peu de progrès qui vous paraîtra, compter pour beaucoup d'empêcher le mal en les contenant en votre présence, et surtout prier pour elles.

Il faut tant qu'on peut, pour punir et corriger les enfants, se servir des choses qui, en leur servant de pénitences, tournent encore à les former; par exemple, faire tenir debout, les pieds bien en dehors, une petite fille de mauvaise grâce, ou qui ne sait pas se tenir en place. Mais il ne faudrait pas que cela fût longtemps, et il faut plutôt leur faire de petites punitions qui les humilient et qui les contraignent, que des choses pénibles qui puissent nuire à leur santé. Quand vous leur faites aussi répéter des cérémonies, ne les faites pas tenir debout ou à genoux; les enfants n'en ont pas la force.

XLVI

ENCORE SUR LES PUNITIONS; SILENCE; DOUCEUR ET FERMETÉ.

Il faut bien se garder de punir toutes les fautes de vos filles : les pénitences deviendraient communes et ne feraient plus d'impression. Il faut laisser passer beaucoup de fautes, sans faire semblant de les voir; il faut quelquefois les punir en marquant qu'on les voit, faire semblant de les écrire, prendre un air sérieux sans dire un mot : il y a des filles mortifiées par un ton, par un geste. Il faut, en d'autres temps, les reprendre en public; une autre fois, les corriger en particulier par des avis de piété; enfin, il n'y a rien où il ne faille plus de diversité; on ne peut là-dessus faire des règles, le bon sens en doit décider.

Poursuivez soigneusement le vice; soyez patiente pour les fautes de jeunesse; soyez ferme pour celles qui troublent l'ordre de la maison. Il est vrai qu'il faut que vos filles fassent ce qui est marqué, c'est-à-dire qu'elles se couchent à l'heure réglée et qu'elles y dînent; mais pour le silence, il faut prendre ce que l'on peut; les religieuses y manquent et vous voulez que les enfants y soient exacts. Les maîtresses doivent vous avertir de tout en particulier, mais c'est à elles à s'accommoder à vous, soit que vous punissiez ou que vous ne punissiez pas. Il me semble que vous êtes douce et ferme, c'est ce qu'il faut, et c'est la conduite de Dieu, ferme dans la fin où il faut toujours aller, douce dans les moyens dont il faut se servir, selon les occasions, selon les besoins, selon les temps. Ayez donc toujours pour fin le salut de vos filles; mais servez-vous tantôt de la sévérité, tantôt de la douceur, et sans cesse de la patience. Vous avez très bien fait de leur donner des récréations; voici un temps de relâchement, et il faudrait de fortes raisons pour les retrancher. Elles commenceront ce carême dans la pénitence; il faudra être plus rigide pour le silence, pour le travail et pour tout ce qui peut les faire entrer dans l'esprit de l'Église.

———

XLVII

DISCERNEMENT; PATIENCE.

... Il faut punir rigoureusement celles qui, après les défenses que nous faisons, auront la hardiesse d'y contrevenir; mais il faut les punir tranquillement et sans s'émouvoir. J'ai sujet de craindre qu'on ait mal compris ce que j'ai dit : qu'il ne faut pas faire souvent des punitions; j'appréhende que vous ne soyez empêchées par là de punir celles qui le méritent. Il faut toujours commencer par essayer de la douceur, avertir plusieurs fois, donner un temps suffisant pour qu'on puisse se corriger, et ne jamais prendre, comme on dit, les gens en trahison. Vous avez grand besoin de l'esprit de Dieu pour bien conduire vos filles, car il ne les faut pas traiter de la même manière. Il y en a qui veulent être menées par la rigueur, d'autres qui demandent une grande fermeté, d'autres encore à qui il faut beaucoup de douceur, surtout les nouvelles venues, afin de connaître l'éducation qu'elles ont eue et les connaître aussi elles-mêmes. Pour cela, je leur parlerais souvent en particulier pour voir si leur fonds est bon ou mauvais ; je patienterais un mois, même un an sur leurs défauts, s'il était nécessaire.

Il faut vous faire craindre de vos enfants. Il est juste que, puisque vous leur tenez lieu de mères et que vous leur en rendez tous les services, elles aient pour vous l'obéissance que les enfants doivent à leurs proches. Il faut punir très sévèrement celles qui osent vous résister. Cependant, ne croyez pas que vous les rendrez parfaites à force de châtiments : il faut s'en servir quelquefois, il faut ensuite essayer de la douceur, il faut les prendre par la piété, il faut user d'adresse ; il faut toujours tout voir, mais il ne faut pas toujours montrer qu'on voit tout, il faut fermer les yeux, il faut laisser passer des fautes ; en un mot, il faut gagner le temps qui, après la prière, est le meilleur remède que vous puissiez appliquer à leurs maux. Vous avez déjà assez d'expérience pour avoir vu de mauvaises filles devenir bonnes sur la fin de leur séjour dans cette maison ; ayez donc un fonds de patience inépuisable, de douceur et de bonté.

XLVIII

EXCITER LES ENFANTS A L'ACTIVITÉ ET AU COURAGE.

J'ai oublié de vous parler du courage : c'est un endroit essentiel sur lequel il faut examiner vos filles.

On n'est bonne à rien quand on n'a pas de courage. Marquez-leur certains ouvrages pénibles et pressés, pour voir comment elles s'en acquitteront. La vie de communauté s'oppose quelquefois à ces sortes d'épreuves : la cloche sonne, il faut tout quitter; mais vous devez un peu déranger vos grandes dans certaines occasions, et voir comment elles se porteront de manquer un repas, une récréation, et ainsi du reste. Quand il y aura quelque chose à achever, celles qui seront de bonne foi et courageuses seront ravies de poursuivre ce qu'elles auront commencé. Les jeunes personnes ne sont pas portées à cette sorte de modération, et veulent, au contraire, trop fortement achever ce qui est commencé; il n'y a que la vertu qui doive modérer en ces occasions, et quand elles s'y portent naturellement, c'est qu'elles sont lâches ou indifférentes, ce qui est bien mauvais. Je vois souvent vos grandes en passant : il y a bien du temps perdu, et il est rare que je les trouve dans cette activité où je les voudrais. Il est bon de soutenir les jeunes personnes par les louanges quand elles font bien; mais il faut aussi les blâmer et les contrarier pour éprouver leur humeur, car les louanges qui les soutiennent trop venant à manquer, elles tombent dans le découragement.

XLIX

SUR LES OUVRAGES; APPRENDRE UN PEU DE TOUT.

Je n'approuve pas les empressements que vous avez toutes pour louer les enfants et pour que je les loue : c'est par cette conduite qu'on les a gâtées et qu'elles croient qu'on leur en doit de reste; quand elles font leur devoir, dites-leur donc simplement que l'ouvrage va bien et rien de plus. Ayez soin aussi de le diversifier afin qu'elles s'en lassent moins; il faut passer du neuf au vieux, du beau au grossier, des habits au linge, aux bonnets, aux coiffes et enfin qu'elles sachent un peu de tout. Il faut que leur intérêt l'emporte en tout sur le vôtre qui serait de faire travailler les mêmes aux mêmes choses pour qu'elles le fissent mieux et plus vite; c'est ce que des marchands feraient. Mais pour vous qui êtes des mères, prenez-en les sentiments et tâchez de leur apprendre un peu de chaque chose; elles s'ennuieront moins et il leur sera meilleur que d'exceller dans une seule sorte d'ouvrages.

Vous avez toutes besoin d'un bon esprit qui sache prendre le milieu et aller droit, qui s'oublie soi-même pour le bien de celles dont vous êtes chargées. Les ouvrages exquis qui vous sont défendus dans la constitution sont des agnus, des colifichets, des niches, des châsses et choses semblables qui, sous prétexte de piété, sont de vrais amusements d'enfants. Ils sont meilleurs que l'oisiveté dans les maisons où il y a peu de chose à faire ; mais pour vous autres vous ne manquerez pas de travail avec la famille dont Dieu vous a chargées : le linge, les habits, les coiffes, les bas, les meubles, les ornements quand il en faudra ; tout cela fournira d'ouvrage abondamment et il arrivera souvent qu'on ne pourra tout faire.

<hr>

L

NE PAS DONNER UNE IMPORTANCE EXAGÉRÉE AU SILENCE.

Ne vous effrayez point, je vous prie, de ce que vos filles aiment à parler : la contrainte où elles sont y a beaucoup de part. Vous avez été formée au silence et au recueillement dans un long noviciat, et le fond de votre piété vous y soutient ; les séculiers ne sont pas de même. La liberté où l'on est de parler, quand on veut, fait qu'on ne s'aperçoit

presque pas si on parle peu ou beaucoup, et ôte
même cette envie de parler. Mais songez que vos
filles sont presque toujours en silence : elles se
lèvent en silence; avec la messe, les exercices, le
chant, le profond silence, le réfectoire, les instructions, elles n'ont pas plus de trois heures et demie
de liberté là-dessus. Ce que je vous dis là n'est pas
pour rien diminuer de ce qu'on exige d'elles sur
cet article, mais pour vous consoler de la peine que
vous avez de l'obtenir; si elles étaient en liberté,
vous en verriez de silencieuses. Les témoignages
que vous rendez à leur piété et à leur simplicité
sont essentiels et me font un grand plaisir.

LI

LE SILENCE MOINS IMPORTANT QUE LES VERTUS.

... Quant à tout ce que vous avez fait sur le
silence, il n'y a rien que de bon; je vous prie seulement, comme je vous l'ai déjà dit, de le prêcher
toujours sans prétendre l'obtenir : vous ne par-
viendrez point à tenir soixante filles ensemble sans
qu'il échappe un mot à quelqu'une. Il faut voir les
choses comme elles sont, et ne pas attaquer un
petit dérangement comme un vice. Cet arrangement et ce silence sont nécessaires pour le repos,

l'ordre et l'édification de votre maison ; mais l'essentiel de l'éducation de vos filles, c'est ce qu'il faut qu'elles emportent partout et qu'elles pratiquent toujours, et ce sont les vertus que je vous ai marquées. Ces vertus ne paraissent pas à ceux qui voient une marche au chœur ou une récréation à la classe, et les maîtresses n'en recevront pas tant de louanges ; mais c'est là cette bonne foi que je vous demande, et que Dieu récompense magnifiquement.

LII

QU'IL NE FAUT POINT SE FATIGUER INUTILEMENT ; MÉNAGER SES FORCES POUR LES DÉPENSER GÉNÉREUSEMENT AU SERVICE DU PROCHAIN.

Vous avez ici tant d'occasions de vous fatiguer, que je voudrais bien que vous ne le fissiez point inutilement. Une des peines que j'ai est de faire asseoir nos Dames : ou elles se promènent, ou elles demeurent debout, et j'en voyais une dernièrement qui raccommodait la jupe d'une petite fille en cette posture ; n'aurait-elle pas fait aussi bien de s'asseoir ? Pour moi, je voudrais qu'on le fît dès qu'il n'y a plus de nécessité de faire autrement. Si vous voulez voir ce qui se passe dans tous les coins de votre classe, faites-y un tour, puis asseyez-vous, tantôt appuyée sur un bout de la table, ou bien dans vos grandes chaises, une autre fois sur leurs bancs auprès d'elles; enfin ménagez-vous, si ce n'est pour la lassitude présente, que ce soit pour celle qui pourrait venir.

Vous ne serez pas toujours jeunes, mes chères filles. Si, lorsque vous avez été maîtresses, vous avez gardé cette manière de veiller et d'agir autour de vos enfants, je ne m'étonne pas qu'on ait trouvé les classes fatigantes. Je vois aussi que quand nos novices ont été là deux heures de suite, elles n'en peuvent plus, elles sont rouges et enflammées. Savez-vous ce qui arrive? c'est qu'après s'être fatiguée mal à propos par une mortification mal entendue, on est si lasse le reste du jour qu'on en est de mauvaise humeur et avec soi et avec les autres, car le corps s'épuise et l'esprit en devient plus faible. Pour moi, quand j'établis une de nos petites filles pour apprendre *ba bé* à celles qui arrivent, je la fais fort bien asseoir, et la disciple est à genoux devant elle, parce qu'elle n'a pas longtemps à rester dans cette posture.

J'ai remarqué dans vos dortoirs que vous faites tout autrement : vous coiffez vos enfants assises devant les petites tables comme des dames à leur toilette. Et qui a jamais entendu parler de cela? n'avons-nous pas toutes été coiffées par la femme de chambre de notre mère, ou par une gouvernante qui nous met à terre devant elle, la tête sur un vilain tablier? Ne gâtez donc point vos enfants, je vous en prie; asseyez-vous pour les habiller; vous êtes leurs mères, traitez-les bonnement comme vos filles. Ne dites pas que vous ne pensez pas à vous reposer de si bonne heure : eh! quand vous sortez de votre lit, vous ne pensez pas que vous pourrez être lasses; quelque vigoureuses que vous vous sentiez à six heures du matin, souvenez-vous qu'il faut agir jusqu'à neuf heures du soir, et ménagez-vous à cette intention.

Je ne prétends point par là que vous soyez des filles lâches et qui craignent le travail; je voudrais des filles qui ménageassent un quart d'heure de repos qu'elles peuvent prendre sans nuire à leurs charges, et sussent perdre trois heures de leur sommeil, se lever la nuit, quand il gèle bien serré, pour soulager une petite fille, ou pour faire le tour de son dortoir si on le croit nécessaire, mener les enfants à la promenade le jour qu'on aurait plus besoin de se coucher que de se promener. Il faut ici du courage et de la discrétion : *voilà vos véritables mortifications.* Si vos enfants voyaient une de leurs maîtresses qui ne mangeât point, qui demeurât toujours dans une posture gênante, qui s'allât enrhumer dans une porte, elles la canoniseraient sans autre examen, bien qu'elle ne soit pas la plus sage au moins en cela; elles seraient au contraire scandalisées d'en voir une qui mange tout simplement ce qu'on lui donne ou qui évite ce qui pourrait l'incommoder quand elle le peut sans manquer à ses devoirs. J'espère pourtant que si l'on tient en cela un juste milieu, elles ne pourront ne pas être édifiées de vous voir si simples à prendre les soulagements nécessaires et à ménager vos forces, et si courageuses pour les sacrifier, et pour n'y pas même faire attention dès qu'il s'agit de vos devoirs. »

LIII

INFIRMIÈRES; CONDUITE A TENIR PENDANT LA MALADIE ET PENDANT LA CONVALESCENCE.

Les infirmières sont comme les maîtresses des enfants, et doivent prendre les mêmes maximes pour leur éducation, avec autant plus d'application, que les temps de la maladie et de la convalescence sont des temps de relâchement, comme vous le dites fort bien. Vous devez être encore plus patientes que les autres, parce qu'il faut une grande charité et beaucoup de condescendance pour les malades; mais Dieu vous préserve de pousser l'une et l'autre trop loin, ou, pour mieux dire, de les mal régler, car la vraie charité est droite et solide, et n'abandonne pas les mœurs pour soulager le corps (1). Songez donc toujours à leur inspirer la

(1) « Je vous envoie des oranges pour réjouir le cœur de vos malades.

« On dit que vous vous amusez trop à elles en particulier, et que vous n'êtes pas assez occupée des soins en général; on dit que vous n'êtes pas présente aux repas, et que vous faites faire des distributions par des converses qui s'en acquittent mal; on dit que vous donnez trop à manger et que vous êtes trop bonne. Je vous conjure de regarder à la dose de quinquina que vous donnerez à vos enfants, et si effectivement elles le prennent. On m'a dit aussi qu'il y a des élèves qui font des façons pour prendre leur quinquina; ne souffrez point ces sottises-là dans une maison où l'on doit se conduire en tout par la raison. Je n'aurais pas souffert aux enfants du roi * la

* Il s'agit des enfants de Mᵐᵉ de Montespan, dont Mᵐᵉ de Maintenon avait fait l'éducation.

vertu et la raison avec des manières plus ou moins fermes, selon qu'elles sont en état de le soutenir. Il ne faut point exciter l'opiniâtreté d'une malade, et, dans ce temps-là, il faut agir avec une extrême douceur ; mais dans le temps de la convalescence, il faut être ferme et ne leur pas laisser tenir des discours et la conduite dont vous me faites une peinture fort vive. Ne souffrez point qu'elles disent : Je veux ou je ne veux point. Faites-leur mettre un *corps* dès que vous jugez qu'elle pourront le porter. Qu'elles ne demandent jamais rien pour leurs compagnes ; n'accordez rien à leurs caresses ; que la piété règle tout. Ce que je vous dis convient à toutes sortes de filles bien élevées.

Faites-les agir dès qu'elles peuvent marcher : il y a bien des choses qu'elles peuvent faire à l'infirmerie, comme balayer la table après leur repas, servir celles qui sont au lit, mettre la nappe, habiller les petites, etc. Enfin, mes chères filles, il faut que vous soyez en garde contre la pente que vous avez de les trop considérer et ménager ; c'est leur bien qui me fait parler ainsi. Plus vous les

moindre résistance pour prendre une médecine ; et, en leur assurant qu'elle était fort mauvaise, je la leur faisais avaler comme de l'eau.

« Quant à leur déjeuner, il faudrait donner du bouillon à celles qui en voudront, et du pain sec à celles qui ne veulent point de bouillon ; on peut leur donner quelques rôties au vin à la collation, mais non pas toujours, et quelquefois des biscuits. Les jeunes ne sont plus des enfants, mais il faut les conduire avec de la fermeté ; occupez-les tout doucement ; permettez-leur de la gaieté et de la conversation, quand elle est générale, mais ne souffrez aucune liaison particulière. Entrez dans l'esprit et dans les maximes de la maison, et comptez que le moyen le plus sûr de se faire aimer des enfants est de s'en faire estimer. »   (*A une infirmière.*)

élèverez durement, plus vous contribuerez à leur bonheur; c'est tout ce que vous pouvez faire de meilleur pour elles.

LIV

DU PARLOIR ET DE LA LIBERTÉ QU'IL FAUT LAISSER AUX ENFANTS DE S'ENTRETENIR AVEC LEURS PARENTS; DE LA TENUE DES ÉLÈVES.

Il n'y a rien de plus raisonnable que de laisser à vos enfants la liberté de parler en particulier à leurs pères et à leurs mères (1); cela est nécessaire pour entretenir le respect et la tendresse qu'elles leur doivent, et que vous ne pouvez trop leur inspirer; il faut leur apprendre à les respecter, à les servir, à les aimer, même malgré leurs défauts; vous devez les instruire sur les commandements de Dieu avec beaucoup de soin, et leur faire voir que rien ne peut les dispenser du respect et de l'amitié qu'elles doivent à leurs pères et mères.

Il y aurait de la dureté à empêcher qu'un père ne parlât en particulier à sa fille; qu'il ne pût lui

(1) A cette époque, dans toutes les maisons d'éducation, les élèves ne sortaient jamais ou du moins très rarement et les parents les voyaient au parloir, comme cela se pratique encore de nos jours dans les pensionnats. A Saint-Cyr, les parents n'étaient admis à visiter les élèves que pendant les octaves des quatre grandes fêtes de l'année, et ce temps s'appelait « le quartier ».

demander si elle est contente, quel parti elle veut prendre. Si vous craignez qu'il veuille l'obliger à se faire religieuse, ou qu'il tâche de la détourner si elle en a envie, il vous resterait assez de temps pour détruire ce qu'on lui aurait dit de déraisonnable ; et puis, en un quart d'heure de conversation, il serait difficile qu'un père jetât un grand poison dans le cœur de sa fille, car je ne voudrais pas que ces vi- sites fussent longues, qu'on demeurât deux heures à attendre qu'une mère eût caressé sa fille ; il fau- drait dire honnêtement que vos occupations ne vous permettent pas de si longues visites, et qu'on dit bien des choses en une demi-heure ; et quand je dis en particulier, c'est-à-dire parler bas si elles veu- lent ; mais il faut toujours demeurer là pour voir ce qui se passe, autrement elles recevraient, elles donneraient des lettres, d'autres gens pourraient venir les voir quand on les croirait seules : il n'y aurait nulle sûreté.

Vous pouvez parler de ce qui se sera dit au par- loir quand vous croirez le devoir faire, pour re- prendre les enfants de ce qui s'y serait passé, et si les choses étaient de conséquence, il faudrait en avertir la maîtresse générale. Les élèves, et surtout les grandes, doivent être très modestes au parloir, et rien ne sied si mal à des jeunes filles que la fami- liarité, même avec les plus proches ; ce n'est qu'une grossièreté, de la mauvaise éducation, et qui n'a- joute rien au plaisir de voir les personnes que l'on aime (1).

(1) « Dans un « entretien », une Dame raconta qu'une petite fille avait entretenu un de ses parents avec autant

LV

S'IL FAUT PARLER DU MARIAGE AUX JEUNES FILLES, ET DANS QUELS TERMES (1).

Cette fausse délicatesse est un des travers que je voudrais ne pas voir chez vous, mes chères filles; la plupart des religieuses n'osent prononcer le nom de mariage; saint Paul n'avait pas cette sorte

d'esprit et de vivacité que l'aurait pu faire une fille de quinze ans, et qu'on l'en avait louée.

— « Ne louez jamais vos filles d'être causeuses, reprit vivement Mme de Maintenon! je l'aurais plutôt reprise d'avoir tant parlé.

« Il faut leur apprendre qu'on juge qu'une fille a du bon sens quand elle ne se presse point de répondre, qu'elle rougit, qu'elle hésite, qu'elle n'ose parler, parce que c'est une marque qu'elle a assez de raison pour craindre de dire des sottises, qu'elle sent qu'elle n'a rien à dire et qu'elle aime mieux se taire que de parler mal à propos. Elles devraient être timides, répondre un oui ou un non, et souvent par une simple révérence bien respectueuse, car toute fille qui répond vivement à des gens qu'elle connaît peu est une étourdie, et les gentillesses qu'on admire dans les jeunes filles sont ordinairement de vraies marques de folie, au jugement des personnes de bon sens. » *(Entretien avec les Dames.)*

(1) Mme de Maintenon ayant assisté au mariage d'une ancienne élève de Saint-Cyr, raconta aux religieuses que M. l'abbé B..., son oncle, lui avait fait en la mariant une excellente exhortation, dans laquelle il avait blâmé la délicate modestie des personnes qui se récrient dès qu'un prêtre ouvre la bouche pour parler dans l'église d'un sacrement qu'on y administre, que Jésus-Christ a institué, que saint Paul appelle grand et honorable, pendant que leurs oreilles ne se font pas scrupule d'entendre, hors de l'église, des chansons d'amour, des mots à double sens, etc.

de scrupule, car il en parle très ouvertement; je vous ai vu ce faible, je voudrais bien qu'il fût détruit ici pour toujours.

— Il est vrai, répondit une religieuse, que nous passions ordinairement cet article du catéchisme, et l'on consultait la supérieure pour savoir si on en parlerait; nous ne l'avons même fait au chœur que depuis que vous nous avez dit qu'il fallait en parler comme des autres matières du catéchisme, quand l'occasion s'en présente. — Ne comprenez-vous pas, mes chères enfants, reprit Mme de Maintenon, que c'est un travers qui est insoutenable dans une maison comme la vôtre, de n'oser y parler d'un état que plusieurs de vos enfants embrasseront, qui est approuvé par l'Église, et que Jésus-Christ même a honoré de sa présence? Comment les rendrez-vous capables de bien remplir les devoirs des divers états où Dieu les peut appeler, si vous ne leur en parlez jamais, et qui pis est, si vous leur laissez entrevoir la peine que vous avez à en parler? Il y a certainement moins de modestie et de bienséance à ces façons que lorsque vous leur en parlerez bien sérieusement et bien chrétiennement, comme d'un état saint qui a de grandes obligations à remplir. Craignez que les omissions qu'elles feront, par ignorance des devoirs de cet état, ne retombent sur vous qui aurez manqué de les en instruire.

— Ayez la bonté, dit encore la même religieuse, de nous faire un petit détail de ce qu'il nous convient de leur dire à ce sujet.

— Vous ne sauriez trop leur prêcher, reprit Mme de Maintenon, l'édification qu'elles doivent à

leur mari, le support, l'attachement à sa personne
et à tous ses intérêts, tout le service et les soins
qui dépendent d'elles, surtout le zèle sincère et dis-
cret pour son salut dont tant de femmes vertueuses
leur ont donné l'exemple, aussi bien que celui de
la patience; le soin de l'éducation des enfants, qui
s'étend bien loin, celui des domestiques et du ménage, qui sont plus indispensables aux mères de
famille que les prières de surérogation que quantité d'entre elles ont coutume de faire, au préjudice de ces premiers et plus importants devoirs
de leur état.

Quand vous parlerez du mariage à vos élèves de
cette manière-là, elles n'y trouveront pas de quoi
rire, rien n'étant plus sérieux qu'un pareil engagement; établissez donc chez vous de leur parler sur
cette matière, quand elle se présente, comme toutes les autres qui leur conviennent, et ne souffrez
pas que, sous prétexte de modestie et de perfection, on n'ose y prononcer le nom de mariage.
Cette sotte affectation, si j'ose m'exprimer ainsi,
vous rejetterait bien bas dans toutes les petitesses
que j'ai tâché de vous faire éviter avec tant de
soin.

LVI

SUR L'IMMODESTIE DANS LES PAROLES; ENCORE DU MARIAGE (1).

Ne nous contentons pas de nous plaindre, ma chère fille, et de craindre l'avenir; tâchons d'établir le présent le mieux que nous pourrons. Vous y pouvez contribuer plus que personne, et vous êtes assez prudente pour ne pas fâcher vos sœurs en même temps que vous ne devez pas souffrir à vos enfants de se parler bas les unes aux autres; il faut leur passer bien de pauvres discours qu'on entendra, et ne pas tout relever quand il n'y a point de péché.

Mme d'A. est hors d'elle quand elle a un habit neuf; elle me consulte sur l'assortiment : j'y entre, et lui donne mes avis en lui disant que cette joie et le goût des ajustements sont de son âge, qu'il faut que la jeunesse se passe, et que j'espère qu'elle viendra plus tôt qu'une autre à des inclinations plus solides. Je crois que cette condescendance porte plus au bien qu'une sévérité en tout, qui ne sert qu'à les rebuter et à les rendre dissimulées.

On m'a dit qu'une des petites fut scandalisée au parloir de ce que son père avait parlé de sa culotte : c'est un mot en usage; quelles finesses y enten-

(1) « J'espère que le lecteur ne se scandalisera pas de ce chef-d'œuvre de bon sens et de naturel. » (Th. Lavallée.)

dent-elles? Est-ce l'arrangement des lettres qui fait un mot immodeste? Auront-elles de la peine à entendre les mots de curé, de cupidité, de curieux, etc.? Cela est pitoyable. D'autres ne disent qu'à l'oreille qu'une femme est grosse : veulent-elles être plus modestes que Notre-Seigneur, qui parle de grossesse, d'enfantement, etc.? Une petite fille s'arrêta avec moi quand je voulus lui faire dire combien il y a de sacrements, ne voulant pas nommer le mariage; elle se mit à rire, et me dit qu'on ne le nommait point dans le couvent dont elle sortait.

Quoi! un sacrement institué par Jésus-Christ, qu'il a honoré de sa présence, dont ses apôtres détaillent les obligations, et qu'il faut apprendre à vos filles, ne pourra pas être nommé! voilà ce qui tourne en ridicule l'éducation des couvents! il y a bien plus d'immodestie à toutes ces façons-là qu'il n'y en a à parler de ce qui est innocent, et dont tous les livres de piété sont remplis. Quand elles auront passé par le mariage, elles verront qu'il n'y a pas de quoi rire. Il faut les accoutumer à en parler très sérieusement et même tristement, car je crois que c'est l'état où l'on éprouve le plus de tribulations, même dans les meilleurs (1). Il faut leur apprendre, quand l'occasion s'en présente, la différence des

(1) Une Revue très estimée s'est demandée également s'il était bon que l'on traitât du mariage au catéchisme et a conclu sagement dans le même sens que Mme de Maintenon. Nous reproduisons une partie de l'article.

« Est-il à propos de faire le catéchisme sur le sacrement de mariage? Beaucoup croient qu'il est plus à propos de ne pas le faire : 1° parce que les enfants n'en ont pas encore besoin et qu'il y a tant d'autres choses à leur apprendre; 2° parce que cela pourrait leur être dangereux en attirant leur attention sur des choses qu'il vaut mieux qu'ils igno-

paroles immodestes, et qu'il ne faut jamais prononcer, et des paroles grossières : les unes sont
des péchés, les autres sont contre la politesse.

rent le plus longtemps possible. Ces deux raisons ne nous
paraissent pas décisives.

« Si l'on ne voulait expliquer aux enfants que les choses dont
ils ont besoin *hic et nunc*, il y a bien d'autres points qu'on
devrait laisser de côté, par exemple, dans le deuxième commandement la question du serment et des vœux...; dans le
septième, l'usure et le salaire retenu aux ouvriers; dans les
commandements de l'Eglise, le précepte du jeûne; dans les
sacrements, la manière d'administrer le baptême, le sacrement de l'ordre... Si on supprimait tous ces points qui n'ont
pas d'application immédiate pour les enfants, à quoi abou-
tirait-on? A expliquer le catéchisme par fragments et à
priver les enfants d'une connaissance complète de la
religion... Qu'il n'y ait pas lieu de s'étendre autant sur
l'explication du sacrement de mariage que sur la sainte
messe, la prière et autres choses dont on a besoin tous les
jours, soit! Mais de ce qu'on ne doive pas autant s'étendre
sur ce point que sur d'autres, il ne s'ensuit pas pour cela
qu'on doive le laisser de côté. Si l'on trouve que le chapitre
du mariage est dangereux pour les enfants, on devra dire
la même chose, et à plus forte raison encore du chapitre du
sixième commandement... Si l'on ne devait jamais expliquer
aux enfants ni les péchés contre le sixième commandement,
ni le sacrement de mariage, il faudrait supprimer aussi ces
chapitres dans le catéchisme...

«... N'est-ce pas au contraire un devoir de l'expliquer en
faisant le catéchisme? Nous devons supposer que l'Eglise,
inspirée de Dieu, sait parfaitement ce qu'il convient d'enseigner aux fidèles. Or, elle leur met à tous, entre les mains,
dès le plus bas âge, un catéchisme, c'est-à-dire un abrégé de la
religion, dans lequel se trouvent les notions élémentaires
sur tout ce qu'il est essentiel de savoir. En a-t-elle exclu le
chapitre du mariage? Non. — A-t-elle jamais porté une
ordonnance défendant de le faire apprendre et de l'expliquer?
Non. — Le maître de la science sacrée, les théologiens ont-
ils jamais dit qu'il fallait en laisser de côté certaines parties,
par exemple le mariage? Non encore; au contraire, ils en ont
réclamé l'explication. Donc, l'intention de l'Eglise est que ce
chapitre soit expliqué comme tout le reste. »

(Revue du Clergé français, 15 février 1901.)

LVII

QUESTIONS ET RÉPONSES (1).

1. — Pourrions-nous rendre les lectures des enfants moins sérieuses dans le temps de récréation, c'est-à-dire depuis les Rois jusqu'au carême, afin qu'elles écoutassent ensuite les autres plus volontiers (2)?

(1) Les « Mémoires de Saint-Cyr » racontent que Mme de Maintenon assistait fréquemment aux récréations des Religieuses, y apportant son ouvrage et répondant à toutes les questions qu'on lui faisait sur la formation des maîtresses, sur la manière de gouverner la maison ou sur l'éducation des enfants. Nous extrayons de plusieurs « entretiens » et groupons ici quelques-unes de ces réponses où brille d'un si vif éclat la sagesse et la raison de cette illustre femme.

(2) » Un jour de récréation que Madame demeura avec nous depuis deux heures jusqu'à quatre et demie, elle dit plusieurs choses fort utiles en répondant à différentes questions.

« Quand vous apportez ici quelques écrits curieux et agréables, lui dit-on, peut-on les faire voir aux enfants? — Oui, répondit Madame, si la maîtresse générale juge que cela leur soit propre, et il serait bon même qu'elle prît l'ordre de la supérieure si la chose le mérite. Je voudrais que la maîtresse générale fût entièrement libre, soit de refuser, soit de différer de les donner d'abord à une classe ou à l'autre, et que celle des bleues, par exemple, croie qu'on lui fait tort si l'on commence par les jaunes, ni que la maîtresse des jaunes dise : « Cela a été aux bleues, donc c'est à notre tour à l'avoir; » car la maîtresse générale peut le donner aux vertes auparavant, et il n'est point nécessaire de le montrer à toutes. Les maîtresses, ajouta-t-elle, sont aussi vives sur cela que les élèves; elles ont une passion de leur faire plaisir, et je n'en sache aucune qui en soit exempte. Les égards et les attentions les gâtent; elles croient que tout leur est dû; elles ont des prétentions : les bleues s'offen-

Fort bien ; vous êtes maîtresses de diversifier ainsi le temps. Vous avez des livres d'histoire agréables qui, en les réjouissant, vous fourniraient une ample matière de les instruire. Car il ne faut pas regarder cet exercice comme une simple lecture qui leur fasse passer le temps, et que vous vous contentiez de leur demander ce qu'elles ont retenu, mais il faut qu'elles le comprennent, que vous en fassiez l'application à elles-mêmes pour le règlement de leur conduite, en leur apprenant à réduire en pra-

seraient si on commençait par les jaunes à faire voir une pièce nouvelle, et moi je voudrais que la maîtresse générale fût libre de commencer par les rouges, et, bien loin de vous empresser pour avoir promptement une nouvelle *conversation*, une nouvelle tragédie, je voudrais que vous profitassiez de cette occasion de modérer la vivacité de vos filles. Si je vous en disais les moyens, dit-elle agréablement, vous les écririez pour les mieux retenir, et quand l'occasion s'en présente, vous n'en profitez pas. Si j'apporte ici quelque chose, c'est à qui l'aura la première pour contenter l'inclination de ses filles ; et puis, contre l'intention des supérieurs, qui voudraient bannir les écritures de la maison, l'on se dépêche de faire copier cette *conversation*, afin que les enfants la sachent plus tôt ; on prend le temps des exercices, du travail, pour la leur montrer, parce qu'on veut qu'elle soit aussitôt sue que donnée, et vous me venez ensuite demander de quoi occuper vos filles à la récréation, parce qu'au lieu de leur faire apprendre une tragédie à loisir pendant ces heures-là, vous les distribuez au commencement de janvier pour qu'elles soient jouées avant le carême ; et, pendant cet intervalle, il faut faire une espèce de cessation de travail et d'exercices, et livrer ce temps à leur plaisir. En vérité, cela est-il raisonnable ? Je voudrais qu'on les leur donnât un an avant que de jouer, qu'elles ne missent point d'autre temps que celui de leur récréation à les répéter. Je ne désapprouverais pas que, durant le carnaval, on prît des heures extraordinaires pour jouer ; il faut bien leur donner quelques relâchements, mais vous avez peur de faire mal à vos enfants. Si vous leur faites apprendre une *conversation* ou des vers dans les heures de récréation : « Cela est bien sérieux, dites-vous, pour des petites ; il n'y a tique ce qu'elles entendent lire. Mais je ne permettrais pas aux maîtresses des petites classes d'être un mois sans parler à leurs filles du catéchisme; elles l'oublieraient bien vite, et vous devez avoir une grande attention à en venir dans vos catéchismes à la pratique. Vous y pourrez faire entrer tout ce qui regarde leurs mœurs aussi bien que leur instruction, et pour cela il faut songer à se faire entendre et à se proportionner à la portée de leur

que les grandes et raisonnables qui puissent goûter ce plaisir. « Quel inconvénient y a-t-il, ajouta-t-elle, qu'elles s'ennuient? Ne faut-il pas les y accoutumer? Cela leur arrivera souvent ailleurs. Pour moi, si je remarquais quelques filles qui témoignassent de l'ennui du jeu d'une pièce, d'un livre, je ne ferais pas semblant de m'en apercevoir; et bien loin d'éviter ce qui peut les contraindre ou les lasser, je le leur ferais faire si souvent et si longtemps, que je les habituerais à s'accommoder de tout. Je n'irais pas pressentir leur goût pour le satisfaire, ni creuser pour savoir si elles s'ennuient ou non; c'est un abîme où plus on creuse, plus on trouve de misère : le plus sûr est de le combler sans le sonder. Je sais bien qu'il est bon que les maîtresses fassent attention à diversifier leurs lectures et leurs divertissements : la jeunesse a besoin de cette condescendance; mais je ne voudrais pas que ce fût parce que les enfants ont marqué du dégoût, ni qu'elles s'aperçussent que j'ai cette attention à ne les point rebuter.

« — Vous chercheriez donc, dit une de nos sœurs, un livre de lecture commune, quoique vous vissiez qu'elles en sont lasses? — Oui, répondit Madame. Quoi! parce qu'elles ne pourraient souffrir d'entendre une explication d'évangile, vous la retrancheriez! Il faut aller votre chemin, et ne faire ni plus ni moins, pour ce qu'elles peuvent dire ou montrer. Quand j'ai dit dans mes écrits qu'il ne fallait pas trop parler de Dieu, et qu'il y aurait moins d'inconvénient à ne point contenter entièrement l'ardeur des pieuses que fatiguer les autres, j'ai prétendu parler des discours de morale qu'on voudrait tenir au temps destiné à l'instruction, de peur de rebuter celles qui s'y ennuient, quoique en général il faille les diversifier pour réveiller leur attention et ne pas toujours parler de piété.

esprit. Je vous entendais faire hier; vous y disiez de bonnes choses, mais vous y parliez trop éloquemment; je suis sûre qu'elles n'entendaient pas la plupart des mots que vous disiez, qui convenaient cependant fort bien au sujet que vous traitiez. Je ne dis pas qu'il n'échappe quelquefois de ces expressions éloquentes, car vous parlez toutes bien; mais quand il en est échappé quelques-unes, il faut les expliquer.

2. — Pourrions-nous, au temps de l'instruction, lire quelquefois aux enfants certains chapitres du Nouveau Testament qui conviennent à tout le monde, en leur faisant l'explication et l'application? — Assurément, il est bon de leur montrer que la morale la plus sévère souvent n'approche pas de la force de certains passages de l'Évangile, qui est cependant d'obligation à tous les chrétiens. Sur ceux où Notre-Seigneur parle si fortement de la nécessité de renoncer à soi-même, de porter sa croix, de ne point aimer le monde, voyez combien l'on a tort quand on se plaint que les prédicateurs demandent des choses trop difficiles; tout ce qu'ils disent approche-t-il de ce que Jésus-Christ dit lui-même?

3. — Une première maîtresse ne ferait-elle pas bien, quand elle parle aux enfants en particulier, de tirer dans le Nouveau Testament ou dans l'*Imitation* quelques versets et de leur en faire l'application? — Non; ces entretiens particuliers ne sont pas pour dire simplement de bonnes choses à ces filles, telles qu'on les trouverait à l'ouverture d'un livre, mais pour en venir au détail de leur conduite et leur dire : Vous faites bien telle chose, conti-

nuez ; mais ayez soin de le faire avec un bon motif, car, sans cela, il vous serait inutile ; je m'aperçois que vous prenez un mauvais esprit, songez à vous en défaire ; vous marquez une mauvaise humeur, qui serait fort incommode aux autres, travaillez à la vaincre. Ainsi du reste.

4. — La manière de faire le catéchisme doit-elle être laissée à la liberté des maîtresses, ou faut-il observer l'uniformité dans les classes, étant donné qu'il faut se proportionner à la capacité des enfants ? — Vous pouvez bien, en vous proportionnant à la portée de vos enfants, être cependant uniformes dans la méthode d'enseigner le catéchisme. Les classes sont partagées de façon que vous le pouvez aisément, puisque les élèves y sont à peu près de même âge ; car je conviens que la manière d'instruire les petites est différente de celle qui convient aux grandes. Comme la classe des petites sera toujours composée, partie d'ignorantes nouvelles venues, partie de plus avancées, vous ne pouvez mieux faire que d'en venir toujours aux premiers principes pour qu'elles sachent bien les éléments de la doctrine chrétienne, entremêlant cependant la lettre du catéchisme de quelques explications pour vos plus avancées qui s'ennuieraient d'entendre toujours la même chose. Mais vous ne pouvez manquer sur cela de vous tenir à la manière dont les aumôniers vous apprennent à le faire, qui est de poser d'abord pour fondement ce que dit le catéchisme, et puis d'ajouter les questions qui leur fassent comprendre par jugement ce qu'elles savent par mémoire, et ne pas embrasser trop de matières à la fois. Elles font une multitude de questions

qui n'ont souvent aucun rapport au sujet de l'instruction et du catéchisme. C'est un des plus mauvais caractères qu'elles puissent avoir : il faut l'attaquer et le corriger, en leur ôtant la liberté de faire des questions inutiles et curieuses qui ne servent point à former leur raison et leurs mœurs. Tout ce qu'on doit leur permettre, c'est d'exposer simplement ce qu'elles n'entendent pas et d'en demander l'intelligence. Vous devez même être attentives à les prévenir sur cela en leur expliquant tous les mots de la lecture ou du catéchisme dont vous croyez qu'elles ne savent pas la signification ; mais gardez-vous d'en faire des discoureuses qui questionnent pour le plaisir de parler, et qui veulent se divertir en sortant de l'attention aux instructions pour se jeter dans une multiplicité de questions frivoles sur tout ce qui leur passe par l'esprit.

5. — Peut-on faire faire les demandes du catéchisme par une enfant? — Pourquoi pas? Plus vous pourrez ainsi les exercer, et mieux vous les formerez.

Cette manière n'est pas nouvelle; cela leur donne de l'émulation et leur apprend à parler haut, surtout quand celle qui fait les questions est à une table différente de celle qui répond. Il ne faut pas aussi vous lier de telle manière que vous n'osiez les faire vous-même; mais si vous vouliez faire faire vos questions au chœur par une enfant, ce serait une innovation, parce que vous êtes dans une pratique contraire, et il y aurait du danger de commettre vos filles à faire des fautes qui pourraient être une occasion à quelque irrévérence devant le Saint-Sacrement.

6. — N'est-il pas nécessaire que les enfants sachent le catéchisme par cœur? — Il est bon qu'elles exercent leur mémoire, et il n'y a rien qu'il convienne mieux de leur faire apprendre que le catéchisme; mais, du reste, je fais peu de fond sur ce qu'elles apprennent ainsi : j'aimerais mieux qu'elles ne retinssent que six lignes et qu'elles les comprissent que d'apprendre un volume entier sans savoir ce qu'elles disent.

7. — N'y a-t-il pas de la différence entre la facilité d'apprendre par cœur quelque chose d'un livre ou de retenir un sermon d'un bout à l'autre? Il semble que pour le premier on n'a besoin que de la mémoire et que pour le second il faut avoir été attentive et l'avoir un peu compris. — Je ne sais, s'il faut plus de jugement pour retenir un sermon qu'on a entendu que pour apprendre par cœur dans un livre; mais je ne ferais pas grand cas de l'un ni de l'autre : la mémoire n'est pas un talent bien rare, elle ne fait rien au mérite, et j'aimerais mieux une fille qui aurait retenu les meilleurs endroits du sermon et qui en saurait faire une juste application, qu'une qui le saurait d'un bout à l'autre par mémoire.

Pourtant il ne faut pas le mépriser, il a son utilité comme un autre : on doit le conserver et même le cultiver quand Dieu l'a donné et le mettre à profit; mais je ne voudrais pas qu'on estimât une fille pour ce seul avantage : une marque qu'il est peu solide, c'est qu'on l'attribue à notre sexe au lieu qu'on réserve le jugement aux hommes. — Est-il impossible d'avoir l'un et l'autre de ces talents à la fois? — Nullement, il y a des person-

nes qui ont du jugement sans avoir de mémoire,
je ne les trouve pas beaucoup à plaindre; d'autres
qui étant dépourvues de jugement, y suppléent par
une grande mémoire, et c'est peu de chose; pour
celles qui n'ont ni mémoire ni jugement, elles sont
bien mal dans leurs affaires. — Seriez-vous d'avis
que pour cultiver la mémoire des enfants, on leur
fît apprendre beaucoup de choses? — Non, cela
prendrait un temps qu'on emploierait bien plus
utilement si on formait leur raison. Il n'est pas
question de remplir leur esprit, mais qu'elles comprennent ce qu'elles pratiquent. La plupart retiennent plutôt par mémoire qu'elles ne comprennent
ce qu'elles entendent; une preuve, c'est que ces
mémoires prodigieuses, qui savent tant de choses
par cœur, ne peuvent rapporter ce qu'il y a de
principal dans une lecture qu'on leur fait, au lieu
qu'on en voit d'autres qui apprennent difficilement
et qui redisent d'une manière fort juste les meilleurs endroits de l'instruction et des lectures qu'elles
ont entendues. C'est une marque que les premières ont plus de mémoire que de jugement, et les
secondes plus de jugement que de mémoire, et en
cela elles leur sont préférables.

8. — Pourrait-on employer dans un jeu quelques
circonstances d'une histoire de l'Ancien Testament,
par exemple, pour représenter un proverbe ou
figurer l'histoire même sans discours, comme qui
représenterait le sacrifice d'Isaac (1)? — Non, cela

(1) Madame ayant entendu dire que quelques petites de la
classe rouge avaient osé gâter la tragédie de *Jonathas*, met-
tant au lieu des personnages de Samuel et de Saül des noms
d'animaux et faisant de tout cela un assemblage bizarre, elle

n'en serait pas meilleur pour être fait en silence.
Vos filles doivent avoir tant de vénération pour les
choses saintes, qu'elles n'osent les faire entrer dans
leurs divertissements. Il n'en faut parler que d'une
manière qui élève l'esprit à Dieu. Vous voyez même

marqua un très grand mécontentement à la communauté de
ce qu'au lieu de les reprendre, on s'était amusé à les écouter. « Est-il rien de si ridicule? dit-elle; ce n'est pas assez
dire, il faut le nommer profanation. Quoi! tourner ainsi sottement des paroles de l'Écriture sainte dont cette pièce est
composée! Si vous le regardez du côté de la piété, c'est ce
qu'on appelle profaner une chose sainte; si vous consultez
le bon sens, vous m'avouerez que c'est une impertinence de
gâter une bonne chose. Quand cette pièce serait profane, un
esprit raisonnable ne pourrait prendre plaisir à ce ridicule :
c'est ce qu'on appelle une farce. Je ne connaîtrais que Polichinelle capable de cette sotte plaisanterie : on lui parle
d'hyménée; il répond : cheminée; tout le menu peuple éclate
de rire; mais les honnêtes gens haussent les épaules. Est-il
possible qu'on souffre ici quelque chose de pis, et qu'au
lieu de faire taire à la première parole de sots enfants à qui
de pareilles sottises passent par l'esprit, on les donne en
spectacle? Vous ne devez pas donner à vos élèves une éducation trop élevée ni curieuse; mais aussi il ne faut pas que
vous leur en donniez une rampante et peu raisonnable, ni
tolérer, par une simplicité qu'on doit plutôt appeler petitesse, des choses pitoyables, tel qu'est, par exemple, de faire
jouer un noël où la sainte Vierge et saint Joseph sont introduits sur le théâtre allant de porte en porte mendier un
logement.

« Cela vient de ce qu'on fait les choses sans demander
conseil : devrait-on jamais tolérer dans la maison aucun de
ces noëls ridicules qui mêlent des circonstances sottes et
risibles aux plus saints de nos mystères? Quelle utilité trouvez-vous à les faire chanter à vos enfants? Si c'est pour les
divertir, faut-il qu'elles se récréent aux dépens de ce qu'il y
a de plus auguste dans notre religion? Si c'est pour exciter
leur piété, l'exciterez-vous par des choses aussi peu sérieuses? On souffre cela parmi le peuple qui est plus simple :
on les a d'abord composés pour les instruire du mystère
d'une manière aisée à retenir, et puis il s'y est mêlé des
choses tout à fait sottes à quoi l'on ne prend pas garde, et
qui ne sont pas si dangereuses à tous ces gens-là qu'à vos

que je n'ai pas voulu qu'elles vous missent dans leurs jeux, qu'elles fissent des prises d'habits, des professions, parce que cela ne m'a pas paru assez respectueux. Comment tolérerais-je qu'elles y employassent l'histoire sainte? On doit leur appren-

filles, qui en prendraient plutôt occasion de s'en réjouir qu'elles ne s'en édifieraient et qui pourraient même en abuser.

« Il faut inspirer à vos enfants une piété solide et raisonnable qui puisse se soutenir dans les différents états où il plaira à Dieu de les appeler. Remplirez-vous les intentions de vos fondateurs, quand vous ferez de toutes les séculières que vous avez ici des filles pleines de petitesses, de travers, d'idées basses et grossières de notre religion? Combien seraient-elles déconcertées quand elles se trouveront tournées en ridicule par les personnes de bon sens sur des choses qu'elles auront reçues de vous comme merveilleuses! Comment conserveront-elles les instructions solides que vous leur aurez données, si elles se sont confondues avec toutes ces puérilités? C'est ce qui me rend si vive à attaquer ces puérilités? C'est ce qui me rend si vive à attaquer ces travers par la crainte qu'ils ne deviennent des défauts généraux et perpétuels dans la communauté, parce qu'en bonne philosophie on ne saurait donner aux autres ce qu'on n'a pas. Comment donc donnerez-vous à vos enfants cette droiture et cette solidité dont je vous parle si souvent, si vous ne les avez pas vous-mêmes?

« — Il faut espérer, lui dîmes-nous, Madame, que vous nous les communiquerez, et qu'étant notre mère et notre institutrice, vous nous laisserez votre bon esprit : c'est de quoi nous avons bonne envie. — Oh! pour ce bon esprit, je ne présume pas de l'avoir, répondit-elle; mais si Dieu m'a donné quelque droiture, il ne tiendra pas à moi que je ne vous la communique; vous savez avec quelle ardeur je vous souhaite un bon esprit et avec quelle franchise je vous parle. Je connais votre bonne volonté; vous êtes ravies d'être éclairées, d'être reprises, d'être redressées; mais ce n'est pas assez, il faut entrer dans la pratique. Vous me parlez de vous laisser mon esprit; vous auriez un goût bien différent du mien, si vous preniez plaisir à ces cantiques et à ces fades représentations qui inspirent si peu de respect pour nos mystères. Je n'ai jamais pu souffrir qu'on se fît un jeu des choses saintes; j'ai toujours cru qu'on devait parler de Dieu comme dre à traiter toujours sérieusement les choses sérieuses, et vous devez absolument retrancher des jeux de vos enfants tout ce qui contrefait les cérémonies de l'église ou certaines actions respectables des couvents, par exemple, l'élection d'une supérieure, l'exhortation que lui fait l'évêque en pareil cas, etc.

9. — On raconte cependant dans la vie des saints, comme une chose de bon augure, que dans leurs jeux ils imitassent les cérémonies de l'église, qu'ils fissent des sermons, des prédications, qu'ils chantassent la messe. — Nous ne savons pas comment les saints faisaient ces sortes de représentations; elles pouvaient être accompagnées d'une simplicité qui les rendait louables; le monde était plus simple autrefois, et l'on a été obligé de défendre bien des choses dont l'institution était pieuse et utile. Par exemple, l'hôtel de Bourgogne, à Paris, avait été établi pour représenter la Passion de Jésus-Christ; l'on y mettait un homme en croix, l'on portait à sa bouche une éponge pleine de vinaigre, et l'on imitait ainsi toutes les autres circonstances de la Passion de Notre-Seigneur; le peuple y assis-

de Dieu, c'est-à-dire sérieusement et respectueusement; je voudrais que l'on cessât d'en parler plutôt que de le faire d'une manière qui ne serait pas convenable. C'est ce qui m'afflige à l'occasion des Religieuses; comme elles sont pleines de Dieu, elles le veulent toujours mêler dans leurs conversations, et parce qu'elles ont cependant besoin de se délasser et de relâcher l'arc, elles rient et plaisantent sur des choses de piété comme sur des indifférentes. Cela ne convient point en général aux Religieuses; combien plus vous devez l'éviter, vous qui élevez de jeunes séculières à qui il faut inspirer un grand respect pour tout ce qui regarde la religion. »

tait avec tant de piété qu'il fondait en larmes. La simplicité ayant diminué, il s'y est mêlé de si grands abus que l'on a été obligé de défendre cette représentation, et cet hôtel de Bourgogne (1), qui avait été destiné pour une fin si édifiante, sert à présent de théâtre pour représenter les plus mauvaises pièces. Voilà comme l'on peut abuser des plus merveilleuses choses et ce qui oblige d'en blâmer et d'en retrancher comme dangereuses d'autres qui en elles-mêmes et dans leur origine étaient très bonnes. C'est pourquoi l'exemple des saints, qui dans leur jeunesse contrefaisaient les cérémonies de l'église, ne doit pas être une raison pour vous de le tolérer à vos enfants, quoique je ne les condamne point en général.

10. — Désapprouveriez-vous que comme elles jouent quelquefois à la madame, faisant des visites et en recevant, elles jouassent aux religieuses? — Non, ce jeu n'a rien de mauvais en lui-même; il est assez indifférent qu'elles se réjouissent à représenter une communauté, qu'elles établissent une maîtresse, des pensionnaires, qu'elles aillent au parloir, pourvu qu'elles n'y mêlent ni cérémonies de l'église ni pratiques religieuses, qu'elles pourraient tourner en ridicule et pour lesquelles on doit leur inspirer un grand respect.

(1) L'hôtel de Bourgogne était situé à Paris, rue Mauconseil, là où se trouve aujourd'hui la halle aux cuirs. Les *confrères de la Passion* s'y établirent, en effet, sous le règne de François Ier, pour y jouer les pièces saintes qu'on appelait *mystères*; plus tard, on y joua des bouffonneries, des pastorales, des comédies, et enfin, jusqu'en 1680, les chefs-d'œuvre de Corneille et de Racine. En 1680, la *farce italienne* s'y établit, et c'est de ces pièces, en effet, très mauvaises, que Mme de Maintenon veut parler.

Il faut ainsi retrancher de leurs plaisirs les choses dont elles pourraient abuser : l'industrie de
l'éducation est de les rendre utiles; mais si l'on n'a
pas assez d'esprit et d'adresse pour y mêler de
l'utile, il faut au moins en bannir tout ce qui pourrait être dangereux. Mais vous n'éviterez pas tous
les inconvénients dont nous venons de parler, tant
que vous aurez cette avidité que je vous reproche à
leur chercher de nouveaux chants, de nouveaux
jeux, de nouveaux spectacles. Rien n'est si dangereux que ce goût pour la nouveauté, et il est naturel
à l'homme, surtout à la jeunesse; mais bien loin de
le nourrir et de le satisfaire, vous devez plutôt l'amortir pour ainsi dire en ne lui donnant point d'aliments. Toute votre sûreté est de ne rien innover.
Croyez-vous que ceux qui donnent des spectacles publics en changent si souvent? Les tragédies qu'on
joue aujourd'hui sont les mêmes que celles qu'on
jouait il y a quatorze ans; le mieux qu'on puisse
faire est d'entremêler quelques nouvelles pièces à ces
anciennes qui reviennent toujours. Pourquoi vos enfants seront-elles plus dégoûtées que tous les gens
du monde? Où est la raison de leur chercher quelque chose de nouveau? Tout ce que vous pourrez
leur permettre, c'est de jouer des proverbes, pourvu
qu'on supprime dans la représentation ce qui sentirait l'amour ou quelque passion dangereuse, et
que cela se compose sur-le-champ, sans écritures,
car il n'en faut pas faire une pièce.

Encore une fois, il ne faut rien de nouveau,
vous avez de tout ce qu'on peut désirer : des tragédies, de la musique, des conversations; jouissez-en,
et vous en réjouissez, puisqu'on vous les a données;

mais bornez-vous donc là. C'est à quoi je crains que vous n'ayez bien de la peine, car vous avez un grand penchant à leur chercher des plaisirs nouveaux.

Il y a une chose que je voudrais bien obtenir des maîtresses, c'est qu'on laissât à chaque classe les livres qu'on y a mis, sans les prêter aux autres. Les livres sont un article bien important dans votre maison; vous ne sauriez observer trop exactement la règle de n'en laisser entrer aucun qui n'ait été examiné et approuvé par vos supérieurs; je ne dis pas seulement les livres de conséquence, mais je dis généralement; vous ne devriez pas laisser entrer un manuscrit, un imprimé, sans cette précaution; vous ne sauriez croire combien elle est essentielle. Où serait la bonne foi, de ne pas lire les meilleurs livres sans la permission de son évêque, et de laisser introduire tous ces petits livres, couverts de papier bleu, qui pour l'ordinaire ne contiennent que des sottises? Est-ce qu'il n'y a que les bons livres qui ont besoin de l'examen? Mon Dieu! que cette facilité à donner l'entrée à ces petits livres sans approbation vous exposerait à de terribles dangers! C'est dans ces sortes de livres qu'on trouve les choses les plus dangereuses, parce qu'ils ne sont pas sujets à l'examen et à la censure. Vous y trouverez des pauvretés pareilles à celles dont les noëls, la plupart, sont remplis, ou des erreurs semées avec des choses qui paraissent les plus précieuses et contre lesquelles on n'est point en garde, parce qu'on n'y soupçonne point de mal. Au nom de Dieu, bannissez tout cela de votre maison; ne laissez jamais entrer chez vous aucuns livres ni manuscrits, sans approbation, sans examen ou

permission de vos supérieurs, ni par le canal de
ce qu'on appelle honnêtes gens, ni par celui des
dévots, ni même par celui des filles qui entrent pour
vous servir, on pourrait bien faire passer par elles
ce qu'on n'oserait pas vous donner autrement (1).

(1) Mme de D... dit qu'il venait quelquefois de ces imprimés
par des enveloppes, des paquets qu'on porte de Paris, que les
enfants ramassent; et qu'elles avaient trouvé depuis peu une
partie du *Mercure galant* *, dont elles avaient ramassé les
feuilles qui servent d'enveloppes, tombent ainsi dans les
mains des enfants ! qu'elles les ramassent ! qu'elles les relient !
qu'elles les lisent ! Voilà ce que j'appellerais matière de confession pour une maîtresse si cela m'était arrivé ! — Nous
voilà instruites pour jamais sur cet article, dirent-elles toutes. — Je le désire, repartit Madame, et que vous transmet-
trez à celles qui viendront après vous cette même fidélité et
cette même exactitude à ce qu'il n'entre rien de suspect
chez vous. »
A la fin de cette conversation, Mme de la D... demanda à
Madame ce que devait faire une maîtresse qui aurait souffert
ou fait faire aux élèves quelque chose de mal à propos (par
exemple, de chanter des noëls, dont il était question de faire
une représentation, un jeu peu convenable), si l'on pouvait se
contenter de ne le plus faire faire aux élèves, comptant qu'insensiblement elles l'oublieront. « Il faudrait, dit Madame, leur
défendre de continuer; car, croyez-moi, s'il y en a d'assez simples pour croire cela bon, vous en avez d'assez spirituelles
pour voir qu'il ne vaut rien et pour conclure que, puisque
vous ne voulez plus qu'elles jouent et qu'elles chantent
comme auparavant, c'est une marque que vous vous êtes ravi-
sée et qu'on n'a pas approuvé ce qu'on avait fait. Le détour que
vous prendriez pour trouver des prétextes de l'abolir, sans
leur en dire la raison, ne servirait qu'à leur faire voir que
vous n'êtes pas de bonne foi. — Ce ne serait donc pas, ajou-
ta-t-on une imprudence capable d'attirer leur mépris, que de
leur dire tout franchement : « Mes enfants, je vous avais fait
apprendre ce jeu, cette chanson, où je ne croyais point de mal ;
mais après y avoir bien pensé, je trouve que cela ne vaut

* Recueil qui paraissait tous les mois, et contenait des nouvelles
politiques, des anecdotes, des contes, des pièces de vers, etc. Il
avait commencé en 1605, sous le nom de *Mercure français*, et il finit
en 1792.

11. — Peut-on permettre aux plus jeunes enfants de faire des poupées aux récréations, sous prétexte de les rendre adroites en les réjouissant?

— J'aimerais toujours mieux toute autre chose que l'oisiveté; mais vous les rendrez bien plus adroites en leur faisant faire des choses utiles qui les formeront encore mieux, et je ne crois pas que vous leur deviez laisser faire des poupées. Les filles commencent à être capables d'apprendre à travailler de bonne heure, et les moins habiles savent bien vite tirer quelque utilité de leurs doigts. Vous n'en avez point qui n'aient sept ans accomplis, et vous ne pouvez trop tôt les occuper utilement pour elles, afin d'avancer leur éducation le plus qu'il est possible. Les enfants, d'ordinaire, prennent plaisir à tout ce qu'on leur fait faire, et il n'y a que manière de s'y prendre avec eux, en leur montrant avec douceur et patience, prenant la peine de remettre ou de faire remettre par quelqu'un de raisonnable leur ouvrage en bon train quand on a été obligé de le défaire, car il ne faut rien négliger afin de par-

pas grand'chose par telle et telle raison; ainsi je vous conseille de l'oublier et de vous remplir de choses plus solides; je ne veux plus du tout qu'on le fasse. — « Je goûterais fort, dit Madame, ce procédé droit et simple; je suis persuadée que, bien loin de vous faire mépriser de vos enfants, elles vous estimeraient davantage; vous leur donneriez par là l'exemple de la bonne foi et de la simplicité qu'elles doivent pratiquer en semblables rencontres. Il n'y a rien de si grand que cette droiture qui va jusqu'à n'être point honteuse de se rétracter quand on a eu tort. — Ne pourrait-on pas simplement leur dire : Nous ne faisons plus telle chose parce que les supérieurs l'ont désapprouvé? — On le pourrait, dit Madame, mais j'aimerais mieux leur dire les raisons que l'on a eues de changer d'avis, parce que cela leur formera à elles-mêmes le jugement et la raison. »

venir à leur donner à toutes le goût de l'ouvrage,
qui s'acquiert communément par l'habitude. Quant
aux poupées, outre la perte du temps, où trouve-
raient-elles de quoi les faire ? Vous les mettrez dans
la tentation de couper leurs dentelles, d'effiler leurs
rubans, et de prendre tout ce qu'elles pourront
trouver pour les habiller.

12. — A quoi faut-il donc les réjouir aux heures
de récréation, car elles ont besoin d'amusements,
et on leur défend plusieurs jeux, ou parce qu'ils
sont trop bruyants, ou qu'ils font de la poussière?

— Oui, il faut qu'elles jouent et qu'elles se divertissent à tous les jeux d'usage parmi les enfants;
mais l'on ne doit permettre à la classe que des jeux
paisibles, et réserver pour le jardin tous les jeux
de mouvement, ceux où il faut sauter, courir, etc.,
et ne jamais souffrir qu'elles se pressent, se pous-
sent, se tiraillent, qu'elles se jettent par terre,
qu'elles jouent à des jeux de mains, qu'elles marchent et sautent sur les bancs et sur les tables, et
encore moins sur des tabourets, qu'elles se fassent
porter, qu'elles se traînent dans une chaise, qu'elles
se coiffent de leur ouvrage, et d'autres jeux semblables qui causent une grande ruine.

LVIII

FRAGMENTS DE LETTRES ET PETITS BILLETS DÉTACHÉS.

Je vous exhorte, ma chère enfant, à croître tous les jours dans la piété solide, droite et simple que vous avez embrassée. Il me semble que la piété solide consiste à ne compter que Dieu, et à compter tout le reste pour rien ; à ne vouloir que sa sainte volonté, à le voir en tout, à mettre en lui toute sa confiance, à ne s'appuyer sur aucun homme, quelque saint qu'il soit, à les regarder comme des instruments dont il se sert comme il lui plaît, et qui ne peuvent rien par eux-mêmes ; à ne s'attacher jamais à eux, et à être bien persuadée que Dieu nous donnera toujours tout ce qui nous est nécessaire.

Il faut que je vous parle de vos défauts, puisque vous le voulez. Je prie Dieu de bénir ce que je vous en dirai pour récompenser votre humilité qui vous fait désirer que je vous en avertisse. Votre principal défaut, à mon avis, est d'être trop attachée à votre jugement et de ne pas déférer à celui des autres. Vous ne revenez pas assez de vos premières vues, comme de ne pas croire nécessaire d'avertir les supérieurs et d'avoir le cœur ouvert pour eux. Je voudrais que votre conduite fût en tout réglée sur leur avis ; vous éprouveriez bientôt la bénédiction que Dieu répandrait sur vous et sur tout ce que vous faites. Voilà ce que je crois à rectifier au fond de votre cœur.

Votre cœur est fait pour Dieu, et j'espère de sa bonté qu'il ne permettra pas que vous cherchiez la joie et le repos dans les créatures ; vous ne les trouverez jamais qu'en lui.

Il m'est tombé depuis peu entre les mains une lettre de M. de Fénelon, qui finit ainsi : « Aimez Dieu, et vous serez humble ; aimez Dieu, et vous ne vous aimerez plus vous-même ; aimez Dieu, et vous aimerez tout ce qu'il veut que vous aimiez pour l'amour de lui. » Méditez ces trois vérités, et vous trouverez, en effet, que voilà le chemin le plus court et le plus sûr pour attaquer notre orgueil, notre amour-propre et le mépris que nous avons pour les autres.

Demandez à Dieu une bonne volonté, mais apprenez à la connaître. On dit : Je demande à Dieu une bonne volonté, je voudrais être parfaite. Hé ! qui ne le voudrait pas ? La bonne volonté est de vouloir fortement et décisivement prendre tous les moyens qui peuvent nous conduire à Dieu, quoiqu'il nous en coûte ; si vous avez celle-là, comme je l'espère, réjouissez-vous et travaillez avec confiance.

Paix sur la terre aux hommes de bonne volonté, nous disent les anges ; quand elle est réelle et sincère, elle ne demeure pas inutile, elle produit infailliblement son fruit, dans les uns plus tôt, dans les autres plus tard. Il faut attendre les temps et les moments de Dieu, non pas en demeurant oisif, mais en travaillant sans découragement et sans inquiétude, et laissant à Dieu le soin de bénir notre travail. Il est certain qu'il veut notre perfection plus que nous ne la voulons nous-mêmes : il pourrait nous rendre parfaits, en un seul jour et tous à la fois. Cependant ce n'est pas sa conduite ordinaire ; il diffère ; il touche l'un cette année, un autre le sera dans un autre temps. Il faut adorer ces desseins, et travailler avec paix et confiance.

Vous ne serez plus embarrassée quand vous deviendrez simple et sincère; il n'y a rien de si aisé que de dire ce que l'on pense, et rien ne l'est moins que de persuader qu'on est franche, quand on ne l'est pas. Vous le deviendrez quand il plaira à Dieu, mais il faut le lui demander comme une des dispositions les plus avantageuses à votre salut.

Vous avez beau faire et beau dire, je ne puis être en peine de vous ; votre naturel est excellent, et c'est Dieu qui vous l'a donné ; vous êtes pleine de religion, vous aimez la vertu, vous avez horreur du mal, vous estimez votre état, vous vous donnez de bonne foi à vos emplois, vous êtes remplie de bonnes maximes, vous les répandez à propos sur vos sœurs, vous vous servez du pouvoir que leur inclination pour vous vous donne sur elles pour les porter à Dieu, vous travaillez pour les enfants, et Dieu bénit votre travail.

Je remercie Dieu de ce qu'il fait en vous; vous avancez, vous êtes rentrée en vous-même, vous paraissez tout occupée de votre sanctification et du bien de la maison; vous ferez de grands biens.

Demandez à Dieu un bon esprit, droit, simple, qui cherche le bien sans inquiétude, qui soit facile à édifier et éloigné de se scandaliser, qui ne se fâche jamais, qui juge favorablement du dessein de ceux avec qui il faut vivre, qui oublie le monde puisqu'il y a renoncé, qui soit persuadé que toutes ses obligations sont renfermées dans sa maison, qui remercie Dieu du goût qu'il lui a donné pour sa vocation, qui la fasse aimer par son exemple qui y est mille fois plus propre que les paroles.

Je loue Dieu de tout mon cœur des dispositions dont vous voulez bien me rendre compte, et je le prie qu'elles soient effectives. Notre esprit nous trompe souvent; il nous fait voir ce que nous devrions penser, et nous prenons quelquefois nos pensées pour de fortes résolutions, mais nous devons en juger par les effets. On m'a écrit une fois que j'avais une sensibilité qui avait besoin d'un rude mors; je crois qu'on peut vous appliquer ce discours, et que vous aurez beaucoup à travailler pour éteindre ce qu'il y a de trop dans votre vivacité. Tout viendra, si vous le demandez à Dieu et si vous travaillez fidèlement.

Contentez-vous que les maîtresses se donnent de bonne foi à l'éducation; qu'elles instruisent, qu'elles reprennent, qu'elles punissent, qu'elles récompensent, qu'elles fassent tout raisonnablement et tranquillement ; qu'elles donnent de bons exemples sur la patience, sur la douceur ; mais ne les froissez pas trop, et qu'elles ne se pressent point trop ; vous les étoufferiez à la montée, comme dit saint François de Sales.

Vous devez traiter toujours vos enfants d'une manière raisonnable, les élevant jusqu'à vous, au lieu de vous abaisser à elles. Il faut beaucoup de fermeté pour les conduire à la fin qu'on se propose sans se rebuter des difficultés, et une grande douceur pour y parvenir.

Il vaut beaucoup mieux faire des choses utiles que d'en entendre.

Il me semble que les enfants entendent mieux raison que jamais, qu'elles deviennent plus honnêtes, plus humbles, plus soumises, plus reconnaissantes envers la communauté ; tout cela parce qu'elles deviennent plus chrétiennes. Comptez qu'il n'y aura que la religion qui vous donnera et qui vous assurera le mérite auquel vous aspirez, et qui n'est que vanité et légèreté quand Dieu n'en est pas le fondement.

Travaillez avec une grande patience, sans empressement et sans relâche ; semez sans jamais vous décourager ; d'autres feront peut-être la moisson ; mais qu'importe, pourvu que vous ayez fait votre devoir.

Quand vous me manderiez que vos petites filles sont très méchantes, je ne me découragerais pas: il n'y a qu'à semer toujours : horreur du péché, docilité, bonne foi, émulation, raison, douceur, tout cela produira son fruit dans son temps. Vous en avez de si jeunes qu'il faut encore redoubler de patience.

Dieu me garde de suivre votre conseil et d'écouter encore une fois nos sœurs sur les changements qu'elles voudraient proposer. Si j'avais à faire l'ordre du jour, je le ferais comme il est. Je suis ravie que l'on se plaigne de manquer de temps : rien n'est plus dangereux que d'en avoir trop; on a coupé les exercices tout exprès. Vous ne savez toutes ce que vous demandez, mais vous devriez savoir vous soumettre et accepter vos vœux : on vous a dit partout que vous n'avez été établies que pour les enfants; tout a été réglé par rapport à elles. Vous voudriez une oraison tranquille : plusieurs la font fort bien dans les dortoirs, et on en trouverait qui avoueraient qu'elles sont plus distraites au chœur qu'en demeurant auprès des élèves. Leurs distractions sont au moins utiles à la vigilance, et les autres sont en pure perte. Demeurez en paix où Dieu vous a mises, avertissez-moi de tout, mais sans exagération, nous en tirerons toujours quelque profit. Ne cessons point de demander la véritable sagesse.

Tout manque à une religieuse à qui la docilité manque, et qui ne sait pas se soumettre aux sentiments de ceux que Dieu lui a donnés pour la conduire; elle ferait des miracles, qu'ils ne la sauveraient pas, dans cette soumission que Dieu lui demande, et qu'elle lui a promise.

Il faut écouter les lectures avec beaucoup de simplicité, s'édifier de ce qui est bon et ne point raisonner sur ce que nous n'entendons pas, ou qui n'est point de notre goût. On ne saurait s'empêcher de penser, mais au moins faut-il se taire et mettre les auteurs au rang du prochain, de qui on doit dire du bien quand on en veut parler, et garder le silence sur leurs défauts ou sur ce qui nous paraît tel.

Il faut avoir un langage simple; une religieuse doit le régler aussi bien que ses yeux, sa démarche et toutes ses actions; nous devons être nourries de l'Écriture sainte; mais nous ne devons en savoir les termes qu'autant qu'il le faut pour l'entendre.

Expliquez à vos filles ce qui se trouve dans les livres que vous leur lisez, en leur disant toujours qu'il ne faut jamais se servir de ces grands mots-là.

TABLE DES MATIÈRES

PREMIÈRE PARTIE

VIE RELIGIEUSE ET ENSEIGNANTE

DEUXIÈME PARTIE

ÉDUCATION, ENSEIGNEMENT, PÉDAGOGIE

PARIS. — IMPRIMERIE TÉQUI, 92, RUE DE VAUGIRARD.

ON TROUVE A LA MÊME LIBRAIRIE

OUVRAGES DU P. GRATRY

Souvenirs de ma jeunesse, *l'enfance, le collège, l'École polytechnique, Strasbourg et le sacerdoce,* 1 volume in-12.   3 fr. »

De la Connaissance de Dieu. 7ᵉ éd. 2 in-12.   8 fr. »

De la Connaissance de l'âme. 5ᵉ édition. 2 volumes in-12.   7 fr. 50

Les Sophistes et la Critique. 1 vol. in-8°.   6 fr. »

Etude sur la sophistique contemporaine, ou Lettre à M. Vacherot, et réponse de M. Vacherot, et la réplique du P. Gratry. 1 vol. in-8°.   5 fr. »
— 1 vol. in-12.   3 fr. »

Lettres sur la religion. 1 vol. in-8°.   6 fr. »
— 1 vol. in-12.   3 fr. »

Mois de Marie de l'Immaculée-Conception. 4ᵉ éd. 1 vol. in-18.   2 fr. 50

Les Sources. Première partie : CONSEILS POUR LA CONDUITE DE L'ESPRIT. — Deuxième partie : LE PREMIER ET LE DERNIER LIVRE DE LA SCIENCE DU DEVOIR. 1 volume in-18. 2ᵉ édition.   2 fr. 50

La Philosophie du Credo. 1 vol. in-8°.   5 fr. »

Petit Manuel de critique. 1 vol. in-18.   1 fr. 50

Crise de la Foi. Trois conférences philosophiques de Saint-Etienne-du-Mont, 1863. 1 vol. in-18.   1 fr. 50

La Morale et la loi de l'histoire. 2 v. in-8°.   12 fr. »
— 2 vol. in-12.   7 fr. 50

Commentaire sur l'Evangile selon saint Matthieu. 2 vol. in-8°.   8 fr. »

Henri Perreyve, 7ᵉ édition. 1 vol. in-18.   3 fr. »

Méditations inédites, 1 vol. in-18, 2ᵉ édition.   3 fr. »

Jésus-Christ, réponse à M. Renan, 1 vol. in-18.   1 fr. »

Sources de la régénération sociale. In-18.   1 fr. 50

Le P. Gratry, ses derniers jours, son testament spirituel, par le P. Adolphe PERRAUD, prêtre de l'Oratoire, professeur en Sorbonne. 1 vol. in-18.   1 fr. 50

Le P. Gratry, *sa vie et ses œuvres,* par S. E. le Cardinal PERRAUD, 1 vol. in-12, 4ᵉ édition.   3 fr. 50